JN026953

外国人から
日本について
よく聞かれる質問
200

森田正康 ｜ 安藤航
カン・アンドリュー・ハシモト 著
㈱ JAPAN TOUR GUIDE 編集協力

外国人観光客からはよく聞かれるのに
日本人には想定外の質問あれこれ

音声ダウンロード版

クロスメディア・ランゲージ

はじめに

　本書『外国人から日本についてよく聞かれる質問200　音声ダウンロード版』は、実際に外国人観光客からよく聞かれる質問と、その回答例をまとめたものです。

　外国人と話していると、日本について思いがけないことを尋ねられて返事に詰まってしまうことがよくあります。「日本人はなぜ長生きなの？」「どうして電車の中で眠っている人が多いの？」など。たとえ英語が得意な方でも、こんな想定外の質問に対しては慌ててしまいます。ふだん日本人同士では話題にする機会のなかったトピックを投げかけられて、うまく答えられず笑ってごまかしたり。こんな経験、あなたも一度や二度あるのではないでしょうか。

　「じゃあ、外国人観光客の方が日本についてどんなことを疑問に思っているのかあらかじめ知っておけば、コミュニケーションが円滑になるんじゃないの？」

　「外国人の方が質問したいポイントに対する答え方の例を本書で紹介して、読者の方がそれをふくらませて自分なりの答えも英語で準備しておけば、いざというときにうろたえずに、日本についてきちんと説明できるようになるんじゃないか。そうした積み重ねから、日本人1人ひとりが日本文化について発信していけるんじゃないか」

　そんな思いから、本書は生まれました。

　さて、本書のコアを作ってくれた Japan Tour Guide（JTG）ができたきっかけは、2013年10月2日、「訪日外国人に日本をより好きになってもらえるように、ボランティアで外国人観光客の旅をお手伝いしていく」ことを思いつき、Facebook のグループで「観光ボランティア団体（準備室）」というのを作ったことでした。その後、僕が当時経営していたヒトメディアという企業の社員が初代代表となりました。現在では代表も3代目となり、JTG のガイドたちは、東京や大阪、京都、福岡などで「お助け隊」と称して、街中でサポートが必要な外国人観光客の方々のお手伝いをしています。

実はこのJTG を設立した理由には、もう１つの側面がありました。それは日本で英語を学習している人たちが英語を実際に活用する場の創造です。年々、日本は海外の移住者を受け入れているかと思いますが、まだまだモノカルチャーの国です。リアルに英語を活用する場がなかなかありません。私は前職で日本有数の語学系出版社の取締役をしていたことがありましたが、どんなに教材や学校で勉強しても、この国には絶対的に英語を話す場が足りません。しかし、参加者がJTGのボランティアに「お助け隊」として参加すれば、英語を話す場を無償で手にすることができます。日本のことを英語で説明しながら、英語を話す機会を得ることができるのです。それが一般的な観光ガイドとJTGのボランティアガイドの違うところでしょう。

　JTG も任意団体だったのが、2016年11月に一般社団法人グローバル人材交流機構という組織に名称が変わり、現在では株式会社JAPAN TOUR GUIDE として活動が続いています。これも、同法人が外国人観光ガイドをすることだけが目的なのではなく、それを行うガイドの方々に、海外の観光客と「交流」し語学や異文化を学ぶ環境を提供したい、という想いがあるからです。現在、同法人が運営するJTGには全国に3000人が登録しており、日々ウェブサイトで海外観光客とのマッチングを行っています。(https://tourguide.jp)

　本書の200の質問をまとめるにあたっては、全国にいるJTGのガイドたちに協力してもらい、よく聞かれる質問をリスト化していくところから始めました。200の質問を「交通・街並み」「食事」「伝統文化」「ビジネス」「迷信・慣習」「日本に来て困ったこと」などの11のジャンルに分けてみると、よく聞かれる質問の方向性がだいたい似通っていることが見えてきました。
　日本の伝統文化について理解するのは、僕たち日本人でもなかなか難しいものです。本書ではそれよりもっと身近な日常生活について、たくさん取り上げています。実は、「日本人が贈り物をするときに『つまらないものですが』と言うのはなぜ？」「日本のタクシーはなぜ自動ドアなの？」など、僕たちの普通の日常生活に対して興味津々な外国の方たちが多いのです。

謎めいた日本や日本人に対してもどかしく感じている彼らに対して誤解が解けるように、読者のみなさん1人ひとりが日本の代表として、日本人の素顔を説明していっていただけたら嬉しいです。

　本書の編集にあたっては、今までJTGに関わったくれたすべてのガイドの方々、各地域の代表および過去の総代表、JTGのマッチングシステムに関わってくれたヒトメディアのエンジニアに感謝の気持ちを伝えたいと思っています。また本書を制作する上で、現場でとりまとめをしてくれたシリアルアントレプレナーの安藤航さん、本当にありがとうございました。そして、共著者として携わっていただいたアメリカ生まれのカン・アンドリュー・ハシモトさんには、本書の例文をネイティブならではのこなれたシンプルな英文に仕上げていただき、感謝しています。

　なお、本書に関する森田正康への印税に関しては、すべてJapan Tour Guide（JTG）を運営する法人へ提供します。読者の方々には、同法人が運営するJTGへの応援、および参加をいただけたら最高に嬉しいです。

Japan Tour Guide 共同創業者

森田正康

*本書は、2018年に出版した『外国人から日本について聞かれる質問200』に加筆・修正し、CDブックから「音声ダウンロード版」に変更した新版です。

Contents

Chapter 1 日本のこんなところがおかしい？ 交通や街並みに関する疑問

Chapter 2 信じられない！？　素晴らしすぎるよ日本・日本人

Chapter 3 What does *Itadakimasu* mean? 食事に関わる質問

Chapter 4　日本のコレ、英語で説明できますか？

Chapter 5　日本で働く外国人から聞かれる　ビジネス関連の質問

Chapter 6 日本の情勢や一般常識に関する疑問

Chapter 8　普段僕らが普通にしていること、彼らにとっては疑問です

Chapter 9　日本語でも説明できないかも?　日本の伝統文化

Chapter 10　どこで知ったか、意外に聞かれます　日本の迷信・慣習・ルール・マナー

Chapter 11　日本に来て困ったこと

外国人観光客からよく聞かれる質問を200挙げ、それに対する回答例を4つずつ挙げています。

Vocabularyでは、質問と回答で使われている重要語句を紹介しています。他の会話でも応用して使える表現ばかりです。

※回答例の文では、Vocabularyで取り上げた語句を青字にしていますが、デザインの関係上、質問文では青字になっていません。そのため、回答文の青字と、Vocabularyの語句の順番とが異なっているページがあります。

Commentでは、各ページの内容や英語に関する情報をまとめています。
章の終わりのColumnは、ボランティアガイドの現場での経験をもとにしたエッセイです。

本書『外国人からよく聞かれる質問200 音声ダウンロード版』に対応した音声ファイル（mp3ファイル）を、小社のウェブサイトから無料でダウンロードすることができます。ZIP形式の圧縮ファイルです。

本書で紹介している質問と回答が収録されています（日本語→英語の順）。

https://www.cm-language.co.jp/books/
questionsaboutjapan-2nd/

また、AI英語教材「abceed（エービーシード）」（https://www.abceed.com/）で本書のタイトルを検索して、音声を聴くこともできます。

　ダウンロードした音声ファイル（mp3）は、iTunes等のmp3再生ソフトやハードウエアに取り込んでご利用ください。ファイルのご利用方法や、取込方法や再生方法については、出版社、著者、販売会社、書店ではお答えできかねますので、各種ソフトウエアや製品に付属するマニュアル等をご確認ください。

　音声ファイル（mp3）は、『外国人から日本についてよく聞かれる質問200 音声ダウンロード版』の理解を深めるために用意したものです。それ以外の目的でのご利用は一切できませんのでご了承ください。

Chapter 1

日本のこんな
ところがおかしい？
交通や街並みに
関する疑問

日本に初めて来た外国人観光客はまず、日本の交通機関の正確
性や安全性に驚きます。それから徐々に、客観的に見て不思議
なこと、おかしなことについて質問を投げかけてくることが多
いです。タクシーがなぜ自動ドアなのか、言われてみれば不思
議ですよね。

ここでは、そんな日本の交通や街並みに関して外国の方から受
けた質問と、その回答例をご紹介します。

001 なぜ日本の電車は時間に正確なの？

Why are the trains in Japan punctual to the minute?

Answers

→ 技術力が高いことは１つの理由だろうね。

I think high technological capability is one reason.

→ 日本人は概してとても時間に正確なんだ。

Japanese people are generally very punctual.

→ 駅員さんは時間通りにスケジュールを調整するのが大変に違いないと思うよ。

It must be hard for station attendants to manage the schedule punctually.

→ 時間を厳守することは日本人にとって重要なんだ。

It's important for Japanese people to respect punctuality.

● Vocabulary

punctual / punctuality　時間に正確な／時間厳守
to the minute　１分とたがわず、時間きっかりに
capability　能力
generally　一般に
station attendant　駅員
respect　～を重んずる

Comment

時間に関する考え方は国や文化によってさまざまです。時間に正確であることは日本人の素晴らしいところですが、電車が正確に時間通りに来ることに驚く海外旅行者も多く、それを話題にしているウェブサイトのフォーラムまであります。punctualやpunctualityはちょっと聞き慣れない単語かもしれませんが、日本文化を説明するときには使い勝手の良い言葉です。

002 ぎゅうぎゅう詰めになった満員電車って本当にあるの？

Is it true that rush-hour trains are overcrowded?

Answers

→ ラッシュアワーに主要駅へ行けばわかるよ。

Go to a major station during rush hour. You'll see.

→ 東京の満員電車は他のエリアに比べると比較にならないよ。

Rush-hour trains in Tokyo are incomparable to those in other areas.

→ 人の間に挟まれて宙に浮いている人を見たことがあるよ。

I once saw someone floating in the air from being sandwiched between people.

→ 日本で電車に人が詰め込まれた様子がテレビで報道されている国もあるよ。

Train-stuffing in Japan has been featured on television in some countries.

● Vocabulary

rush-hour train　満員電車	**sandwich**　〜を挟む
overcrowded　超満員の	**train-stuffing**　電車に詰め込むこと
You'll see.　今にわかるよ	（**stuff**　詰め込む）
incomparable　比較できない	**feature**　〜にスポットを当てて扱う
float in the air　宙に浮く	

Comment

stuffは「物」「事柄」などの意味で使われることも多いですが、このトピックでは「詰め込む」という動詞として使われています。train-stuffingは「電車に詰め込むこと」という意味です。辞書に載っている言葉ではありませんが、アメリカのメディアなどが時折この言葉を使って日本の鉄道の駅の朝の風景を紹介するので、よく知られた言葉になってしまいました。

003 日本の電車はどうしてこんなに広告が多いの？

Why is there so much advertising on the trains in Japan?

→ 日本人は商機を見逃したりしないんだ。

Japanese people never overlook commercial opportunities.

→ 日本人は電車広告からも芸能人のゴシップを知るんだよ。

Ads on the train are another source of celebrity gossip.

→ スマホを忘れたときの暇つぶしなんだ。

It helps to kill time when you've left your cell phone at home.

→ 単に、鉄道会社が儲けたいからだよ。

It's just that railway companies want to earn money.

● Vocabulary

advertising/ad 広告
overlook ～を見逃す
commercial opportunities 商機
celebrity gossip 芸能人のゴシップ
kill time 暇つぶしをする
railway company 鉄道会社
earn money 儲ける

Comment

海外で中づり広告が少ないせいか、日本の電車内で見る広告の多さに驚く外国人旅行者は多いようです。その中でも特に多いように見えるのは雑誌と不動産でしょうか。雑誌は magazine、不動産は real estate です。広告は ad/advertising/advertisement など、いくつかの言い方があります。

004 日本の電車の中では電話で話すことが禁止されているの？

Is talking on your phone while on the trains banned in Japan?

Answers

→ 日本で電車に乗る際のエチケットの１つだよ。

It's part of train etiquette in Japan.

→ 張り紙がいたるところに貼ってあるし、アナウンスもされるよ。

There are signs everywhere and they make public announcements.

→ 電話で話すことは礼儀を欠いているとされるけど、メールをしたりネットを見たりすることは問題ないよ。

Talking on the phone isn't considered polite, but texting and web browsing is fine.

→ 日本人は他人に対してとても思いやりがあるから、電車に乗るときは電話で話さないんだ。

Japanese people are very considerate of others, which is why we don't talk on our phones while riding the train.

● Vocabulary

ban ～を禁止する
announcement 告知
text （携帯で）メッセージを送る

be considerate of ~
　～に対して思いやりがある

Comment

etiquette とは「食事の際に音を出してスープをすすらない」など、「ある場面で当然のものとして求められる礼儀作法」のことです。強い言葉を使うと「掟」と呼んでもいいような意味を持ちます。manners（マナー）と同義語と思われがちですが、etiquette よりもう少し範囲が広く、「行儀」「作法」といった意味も含みます（manners は複数形で使います）。

005 なぜこんなに電車の路線が複雑なの？

Why is the rail network so complicated?

Answers

→ 世界中の大都市はみな同じだと思うよ。

I think large cities in the world are all the same.

→ 郊外に住んでいる人が都会に通勤するために電車を使うんだ。

People who live in the suburbs use trains to commute to cities.

→ きっと慣れるよ。

You'll get used to it.

→ 東京都だけでも、鉄道会社が10社くらいあるんだ。

Even just in Tokyo, there are around ten railway companies.

● Vocabulary

rail network　鉄道網
suburb　郊外
commute　通勤する
get used to ~　〜に慣れる

Comment

これからは、鉄道の駅で行き方を尋ねられることも増えてくるでしょう。「電車を乗り換える」はchange trains、「3つ目の駅」ならthird stopという言い方になります。日比谷線、丸の内線などはthe Hibiya line, the Marunouchi lineと言います。鍵となる言葉をいくつか覚えておけば、説明はそれほど難しくないでしょう。

006 1人で電車に乗っている子どもを見たよ。日本ではよくあることなの？

I saw a child on the train all by himself. Is this normal in Japan?

Answers

→ そうだよ、多くの子どもたちが1人で電車に乗っているよ。

Yes, many children get on the train all by themselves.

→ 放課後、塾と呼ばれる学校に電車で行ってるんだ。

Some children go to *juku*, a private tutoring school, after school by train.

→ だから日本はとても安全な国だと言われるんだ。

That's why Japan is said to be a very safe country.

→ そんな風に思ったことがなかったよ。私にとっては当たり前だから。

I have never thought about that before. It's nothing special to me.

● Vocabulary

all by oneself　自分だけで	**be said to be ~**　～だと言われている
get on ~　～に乗る	**nothing special**
private tutoring school 　塾（＝ cram school）	特別じゃない（＝当たり前）

Comment

be said to be ～は「～と言われている」という意味の客観的な言い回しです。「私はこう思う」というよりも「一般的にはこのように言われている」と言いたいときに使います（→p.140）。It is said that ～という言い方もあります。
海外の人には、日本の子どもたちが1人で電車に乗っていると驚かれるかもしれませんが、一方で日本人から見れば、子どもたちがレモネード・スタンド（アメリカ）や露店（東南アジア）で働いていることのほうが、驚きかもしれません。

007 多くの日本人が電車の中で眠っているのはなぜ？

Why do many Japanese people sleep on the train?

Answers

→ 彼らは疲れきっているんだ。

They are extremely exhausted.

→ 長時間通勤や長時間勤務が理由で、多くの人々が疲れているんだ。

Because of their long commute and working hours, many people are tired.

→ 多くの人たちが睡眠不足なんだよ。

A lot of people are short on sleep.

→ スリなどの犯罪が少ないからじゃないかな。

Crimes like pickpocketing rarely happen.

● Vocabulary

exhausted　疲労した、疲弊した
long commute　長時間通勤
be short on ~　〜が不足している
pickpocketing　スリ（行為）

Comment

「疲れている」という意味を表す英語には tired と exhausted がありますが、疲れのレベルはexhausted のほうが上です。「疲労困憊した」というニュアンスです。ただ、tiredを使っても tired out と言うと「疲れきった」という意味になります。他に、worn out / burned out / drained / weary などという言い方もあります。

008 日本のタクシーはなぜ自動ドアなの？

Why do Japanese taxi doors open automatically?

Answers

→ 楽にタクシーに乗るためだよ。

In order to make it easy to get in the taxi.

→ 自動ドアの発案者は、雨の日にタクシーに乗ったことがきっかけでそれを思いついたと聞いたよ。

I heard the inventor of the door had the idea when he took a taxi on a rainy day.

→ ドライバーが席を立たずにドアを開け閉めできるようにするためだよ。

It is for drivers to be able to open and close the door without getting up.

→ 両手がふさがっていてもタクシーに乗れるんだ。

You can even get in a taxi when your hands are full.

● Vocabulary

automatically 自動で

get in ~ ～に乗る

inventor 発案者

Hands are full. 両手がふさがっている

Comment

Why?と尋ねられたら Because ～ の文で答える、という人が多いかもしれませんが、実際にはさまざまな答え方があります。「～するために」という意味のin order to ～ は、覚えておくととても使い勝手が良い表現で便利です。

009 なぜ日本の車はみんなピカピカに光るほどきれいなの？

Why are the cars in Japan all so sparkling clean?

→ 日本人は一般的にきれい好きな国民なんだ。

Japanese people in general are clean-loving people.

→ 車を光るほどきれいにする人は、車を自分の家のように大事に思っているのかもしれないね。

People who keep their vehicles sparkling clean might care for their cars like their homes.

→ 舗装されていない道路が少ないことがその理由の1つかもしれないよ。

One reason would be that there are less unpaved roads.

→ ガソリンスタンドで給油すると、店員さんが窓を拭いてくれるんだ。

When you refuel in a gas station, the salesperson wipes the car windows.

● Vocabulary

sparkling　ピカピカの	refuel　給油する
in general　一般的に	gas station　ガソリンスタンド
clean-loving　きれい好きな	
care for ~　~を大事にする	
unpaved　舗装されていない	

Comment

「日本人の車は、外はピカピカだけど中はひどく散らかっている」と外国の人が言うのを聞いたことがあります。「散らかっている」と言いたいときはmessyを使います。My car is messy. と言えば伝わります。dirty は「汚れている」という意味で、車の内側にも外側にも使えます。

010 どうして日本には小さい車がたくさんあるの？

Why are there so many small cars in Japan?

Answers

→ 小さな車は混雑している街や狭い道でとても運転しやすいよ。

Smaller ones are much easier to drive in busy cities and narrow streets.

→ 細い路地がたくさんあるから、小さい車が便利なんだよ。

There are many narrow alleys, so small cars are useful.

→ 小さい車は環境に優しいよ。

Small cars are environmentally friendly.

→ 小さな車を運転することは、税金やガソリン代などの節約にもなるんだ。

Driving small cars also saves you money on tax and gasoline.

● Vocabulary

alley 路地

environmentally friendly 環境に優しい

saves A money on B A が B を節約できる

Comment

「環境に優しい」という意味では、例文の environmentally friendly の他にも eco-friendly という言い方がよく使われます。日本語ではそれを短くした「エコな（車）」という言い方を耳にしますが、英語では eco だけでは通じません。eco は ecological を短縮したものですが、ecological は「生態学の」「環境保護の」という意味で、「環境に優しい」という意味はこの語自体にはありませんから、注意しましょう。

011 渋谷のスクランブル交差点にはなぜあんなに人が多いの？

Why are there so many people at Shibuya Crossing?

Answers

→ 世界で最も人が多い交差点だと言われているんだ。

It is said to be the busiest intersection in the world.

→ 渋谷は東京で最も大きい繁華街の１つだよ。

Shibuya is one of the biggest downtown districts in Tokyo.

→ この交差点ではすごい写真が撮れるよ。

This intersection makes for a great photo.

→ 私も信じられないよ。特別なイベントや大型連休の間は、約50万人が利用していると言われてるんだ。

It's unbelievable even for me. It's said that 500,000 people use it during special event days and long holidays.

● Vocabulary

busy	賑わっている、活気がある	district	地域
intersection	交差点	make for ~	～を生み出す、～に役立つ
downtown	繁華街	long holiday	大型連休

Comment

busyを「忙しい」という日本語にしてしまうと少しピンと来ませんが、これは街や通り、地域などにも使う形容詞で、「賑わっている」「活気がある」といった意味になります。反対語は lonely, empty, dull で「人気(ひとけ)がない」「活気がない」「つまらない」という意味です。

012 なぜ日本のタクシーはあんなに高いの？

Why are taxis so expensive in Japan?

Answers

→ 政府がタクシー運賃の下限料金を定めているからだよ。
The government sets the minimum fare of taxis.

→ 安全第一だよ。安全にお金を払っていると考えなよ。
Safety comes first. You should think to pay for it.

→ 確かに安くはないけど、旅行者の間ではとても信頼できると言われているよ。
It's true, they're not cheap. But taxi drivers are said to be very reliable among tourists.

→ 東京では、2017年に下がった初乗り料金が徐々に上がっているよ。
In Tokyo, the starting fare for taxis, which fell in 2017, is gradually rising again.

● Vocabulary

set ～を定める
fare 運賃
pay for ~ ～の代金を払う
reliable 信頼できる
starting fare 初乗り料金

Comment

日本のタクシーはなぜそこまで高い価格が設定されているのか、質問されることがあるかもしれません。そんなときは上のように説明してみましょう。「安全にお金を払っている」という回答を用意しましたが、実際、他の国ではナイフを突きつけられたり、目的地と全く違うところに連れていかれて事件になったりすることもあると聞きます。日本では絶対に考えられないことですが、東南アジアでタクシーに乗るとそれなりの頻度でボッタクリにあいます。

013 ホテルや病院には部屋番号に４がないものがあると聞いたよ。どうして？

I heard some hotels and hospitals are missing room number four. Why?

→ ４は日本では縁起の悪い数なんだ。

Four is an unlucky number in Japan.

→ ４の音は「死」を意味する「し」と同じなんだ。

It sounds like "shi," which means death in Japanese.

→ だからかもしれないけど、４には「し」と「よん」という２つの読み方があるんだよ。

This might be why there are two readings of the number four, "shi" and "yon."

→ あなたの国のアンラッキーな数字は何？

What is an unlucky number in your country?

● Vocabulary

be missing　〜がない、欠けている
It sounds like 〜　〜のように聞こえる
reading　読み方

Comment

数字の読み方について説明するトピックです。読み方を表す言い方をいくつか別の表現で入れてみました。It sounds like 〜や two readings などがそうです。It is read as 〜「〜と読む」という言い方もあります。漢字の読み方を説明するときにも使えるので、ぜひ参考にしてください。

014 エスカレーターでは右側に立つべきなの？

Should I stand on the right side of an escalator?

Answers

→ 人が通れるように、エスカレーターでは片側を空けて立つという暗黙の
ルールがあるんだ。

There is an unspoken rule to leave one side of the escalator open so that people can pass.

→ 東京ではエスカレーターの左側に立って、右側を空けるんだ。

In Tokyo, people stand on the left side of the escalator and leave the right side open.

→ 関西では、それが逆なんだ。

It's the other way around in the Kansai region.

→ エスカレーターのメーカーは、エスカレーターでは歩かず、ただ立って
手すりにつかまっているよう呼びかけているよ。

Manufacturers call on the public not to walk on escalators, but to simply stand and hold onto the rail.

● Vocabulary

unspoken rule	暗黙のルール	**call on ~ to do ...**	
leave ~ open	～を空けておく		～に…することを求める
the other way around	逆の、反対の	**hold onto ~**	～につかまる
manufacturer	メーカー、製造会社	**rail**	手すり

Comment

unspoken rule「暗黙のルール」という単語を上で使いましたが、unspoken
は spoken「口にする」「話された」という言葉の反対語です。unspoken
agreement「暗黙の了解」、unspoken issue「公に口にはしない問題」など、
unspoken は日本の風習を説明するときに便利な言葉だと思います。

015 なぜハチ公の像が人気の待ち合わせ場所なの？

ハチ公って何？

Why is the Hachiko statue a popular meeting point? What is Hachiko?

Answers

→ 像は有名な横断歩道の隣にあって、見つけやすいんだ。

The statue is easy to find because it's next to the famous pedestrian crossing.

→ ハチ公は忠実なことで知られた秋田犬だった。

Hachiko was an Akita dog known for being faithful.

→ ハチ公は飼い主の死後10年間、飼い主を駅で待ち続けたんだ。

Hachiko kept waiting for his master for ten years in the station after his owner died.

→ ハチ公の話は広がって、1934年には銅像が建てられたんだ。

His story spread, and as a result, the statue of him was erected in 1934.

● Vocabulary

meeting point　待ち合わせ場所
pedestrian crossing　横断歩道（pedestrian　歩行者）
be known for ~　～で知られている
spread　（過去形も spread）広がる
erect　～を建てる

Comment

ハチ公はハリウッド映画にもなりましたから、今やこの犬は有名です。
渋谷のスクランブル交差点を表すのに、crossingだけでも「交差点」を表しますが、「踏切」という意味もあるので、pedestrian crossing と言うほうが誤解がないでしょう。

016 日本の道はなぜ狭いの？

Why are streets and roads so narrow in Japan?

Answers

→ 日本は狭い国なんだ。だから国土を有効活用するんだよ。

Japan is a small country. That's why we utilize the territory we have.

→ ヨーロッパでは馬車のために広い道路が作られていたと聞いたことがあるよ。

I heard that in European countries wide roads were made for horse-drawn carriages.

→ 日本は馬車が主な移動手段だった時代がないんだ。

Japan never had a period when horse-drawn carriages were a popular way of traveling.

→ 小さくて運転しやすい車がたくさんあるから、道を広くする必要がないんだ。

There is no need for widening the roads because there are many kinds of easy-to-drive small cars.

● Vocabulary

utilize 　～を活用する、役立たせる	**There is no need for doing ~**
territory 　領土、国土	～する必要がない
horse-drawn carriage 　馬車	**widen** 　～を広げる
	easy-to-drive 　運転しやすい

Comment

「狭い」という日本語は、「部屋」「空間」などを表すときにも使われます。一方、英語では a small room / a tiny space というように「小さい」という意味を表す small や tiny が使われます。narrow はあくまでも「幅が狭い」ことを表し、サイズが小さいことを表現する場合には使われません。

017 なぜ日本にはこんなにたくさん桜の木があるの？

Why are there so many cherry trees in Japan?

Answers

→ 桜は御神木として、日本各地に植えられたんだよ。

Cherry trees were planted all over Japan as sacred trees.

→ 日本の学校の校庭で植えられる木は桜の木が一番人気だ。

Cherry trees are the most popular kind of tree planted in schoolyards in Japan.

→ 日本人のほとんどが桜の木が好きだからだよ。

Because most of us like cherry trees.

→ 花が咲いたら、「花見」という桜を楽しむピクニックをしないとね。

When the blossoms are in bloom, it's time for enjoying cherry blossom picnics, *hanami*.

● Vocabulary

plant 〜を植える
sacred 神聖な
blossom 花
be in bloom 咲いている
It's time for doing 〜 〜する時間だ

Comment

「花見」は cherry blossom viewing と言います。咲いている度合いが日本ではニュースになりますが、「咲いている」という意味を表すのは in bloom です。三分咲きは、one-third bloom、五分咲きは half in bloom、七分咲きは three-quarter in bloom、満開は in full bloom で表現します。

Chapter 2

信じられない！？
素晴らしすぎるよ
日本・日本人

やっと海外でも本当に少しだけ浸透してきたウォシュレット。高校時代、外国から友人が日本に来たときに、友人がウォシュレットを初めて使って、信じられない初体験をしたとはしゃいでいたのを思い出します。まだまだ世界を制覇するには時間がかかりそうですが、使ってみればどの国でも必ず感動されるはずです。
ここでは、日本が世界に誇れる点について外国の方から受けた質問と、その回答例をご紹介します。

018 コンビニにはバラエティーに富んだ商品が売られているけど、これは一般的なの？

There is a wide variety of goods in convenience stores. Is this common in Japan?

→ 一般的だよ。コンビニではどの商品もちゃんと整理されて並んでいるんだ。

It's common. Every item is organized well in the stores.

→ 一般的だよ。それにコンビニによっては無料でトイレを使うこともできるよ。

Yes. And you can use the bathroom for free in some convenience stores.

→ それに加えて、公共料金の支払いもできるんだよ。

And to add to it, you can pay for your home utilities bills there as well.

→ 携帯電話の充電器や包帯なども買うことができるんだ。

You can even buy a cell phone charger or a bandage there.

● Vocabulary

a wide variety of ~	多種多様の~	**home utilities bills**	公共料金
organize	~を整理する	**as well**	~もまた
bathroom	トイレ	**charger**	充電器
And to add to it	それに加えて	**bandage**	包帯

Comment

コンビニで人気の肉まんは (steamed) pork bun と言います。steamed があるほうが「温かい」とイメージできて親切でしょう。あんまんは (steamed) bean-paste bun、ピザまんは pizza bun。「おでん」はそれに近いものがないので、*Oden* is a type of Japanese stew. と説明すればわかりやすいです。

019 日本のトイレがすごくハイテクなのはなぜ？

Why are Japanese toilets so high-tech?

Answers

→ 私たちはきれい好きなんだ。

We like cleanliness.

→ 温水洗浄便座はアメリカで医療目的で発明されたんだ。

The bidet toilet seat was invented for medical purposes in the US.

→ それが日本では家庭用として開発され、1980年に市場に登場したんだ。

It was developed for home use in Japan and put on the market in 1980.

→ 日本のハイテクトイレは、温水便座機能だけではなく、脱臭機能、温風乾燥機能、保温便座機能など、他にもさまざまな特徴があるよ。

They have features other than the bidet, such as a deodorizer, blow dryer, heated seat, and more.

● Vocabulary

high-tech	ハイテクの、先端技術の	**deodorizer**	脱臭機
cleanliness	清潔	（**deodorize**	～の臭気を取り除く）
bidet toilet	温水洗浄便座	**blow dryer**	温風乾燥機
put ~ on the market	～を売りに出す		
feature	特徴		
other than ~	～以外に		

Comment

bidetは以前はフランス、スペインなど主にヨーロッパで使用されていたもので、アメリカ・イギリス・オーストラリアではこの言葉の意味さえ通じないことがありました。現在は日本のハイテクトイレを説明するためにbidetが使われているのをよく耳にします。アメリカの家庭で見かけることもあります。ちなみにbidetの最後のtの音は発音しません。

020 日本ではなぜポケットティッシュが無料で配られているの？

Why are small tissue packs handed out for free in Japan?

→ 広告が後ろにあるんだ。

There are advertisements on the back.

→ 宣伝のやり方の１つなんだ。

It's another way of advertising.

→ 風邪を引いているときには助かるよ。

It helps when you have a cold.

→ 日本ではポケットティッシュを買う必要はないよ。

You never have to buy tissue packs in Japan.

● Vocabulary

tissue pack　ポケットティッシュ

hand out　〜を配る

advertisement　広告

advertising　広告（すること）

It helps　助かる

have a cold　風邪を引いている

Comment

ポケットティッシュは日本で生まれたものだそうですが、今では海外でも存在します。英語でそのままpocket tissueと言えば通じる場合もありますが、tissue packのほうが一般的です。また、日本のように街中で無料で配られていることはなく、tissue packはお店で売られているものを指します。

021 なぜ日本の歩行者は周りに車がいなくても信号を守るの？

Why do Japanese pedestrians obey the traffic lights even when there are no cars around?

Answers

→ 規則を守ることはいいことだよ。

We think it's good to keep the rules.

→ 日本人は社会秩序の維持を重んじると言われているんだ。

Japanese people are said to value maintaining social order.

→ 赤信号でも渡る人はいるよ。

Some people cross the road when the light is red.

→ 信号無視して死んだらバカみたいだよ。

It'd be dumb to die because of ignoring signals.

● Vocabulary

pedestrian 歩行者	**social order** 社会秩序
obey 〜に従う	**be dumb to do 〜** 〜するとは愚かだ
keep the rules 規則を守る	**signal** 信号
value doing 〜 〜することに価値を置く	

Comment

日本では車は左側通行ですが、アメリカでは右側通行です。また、赤信号のときに交差点で車が右折してもよい国もあります。相手の国と日本の交通ルールの違いを聞いてみると面白いかもしれません。

規則を破るのは break the rules、守るのは keep the rules です。order は日本語で「〜をオーダーする」というように、「注文する」「発注する」という意味もありますが、ここでは「秩序」という意味です。「規則」「社会秩序」といったやや硬い言葉も、英語にすると rules や social order ですから、それほど聞き慣れない単語でもないのではないでしょうか。

022 日本ではなぜ、なくした財布が持ち主のもとに戻ってくるの？

Why are lost wallets returned to their owners in Japan?

Answers

→ 日本は世界で最も誠実な国の1つだと言われているよ。

Japan is said to be one of the most honest countries in the world.

→ 2022年、東京では約40億円が警察に届いたんだって。

About 4 billion yen was turned in to the police in Tokyo in 2022.

→ 実際には、財布を取り戻したとしても、中のお札はないかもしれない。

Actually, there may not be any bills inside even if you get back the wallet.

→ 人々の善意のおかげだよ。

That's thanks to people's goodwill.

● Vocabulary

billion	10億	**thanks to ~**	～のおかげで
turn in	～を届ける	**goodwill**	善意
bill	お札		
get back ~	～を取り戻す		

Comment

これは日本人が誇りに思うべきトピックでしょう。2020夏季オリンピック・パラリンピックの会場が東京に決まった理由の1つも、「安全」だったそうです。日本に来たことのある海外旅行者のブログを見ると、「日本人はhonestでありtrustworthyだった」と書いている人が数多くいます。goodwillの反対語はmalice「悪意」です。一緒に覚えてしまいましょう。

日本人はみな読み書きができるの？

Can all Japanese people read and write?

Answers

→ うん、綿密な教育制度がその理由だよ。

Yes, our rigorous education system is the reason why.

→ 日本の識字率は世界でもトップクラスだ。

The literacy rate in Japan is one of the highest in the world.

→ 日本の識字率はほぼ100%なんだよ。

The literacy rate in Japan is almost 100%.

→ 200〜300年前の識字率は、さらに高かったんだ。

The literacy rate 200 to 300 years ago was even higher.

● Vocabulary

rigorous 綿密な、厳格な
education system 教育制度
literacy rate 識字率（**literacy** 読み書きの能力）
even さらに

Comment

literacy とは reading と writing の能力、すなわち読み書きの能力のことを言います。それ以外に特定の分野の能力のことを指すこともあり、例えば cultural literacy と言うと「文化的教養」のことです。reading, writing に arithmetic「算数」を加え、その3つを「身につけるべき基本的な能力」として three Rs と表現することもあります。

024 どうして日本のホームレスは路上で物乞いをしないの？

Why don't homeless people in Japan beg for money on the streets?

Answers

→ 彼らは廃棄された食品を集めることで生計を立てているんだよ。

They make a living by collecting disposed foods.

→ 多くの人が、ゴミからリサイクルできるものを集めて生き延びているんだ。

Many survive by collecting recyclables from the garbage.

→ 日本各地で支援団体が炊き出しを行っているよ。

Support groups do "warm meal service" in several places.

→ ホームレスを含めて、恥ずかしいと感じやすい気持ちを日本人が持っているからかもしれないね。

It might be that Japanese people, including the homeless, feel ashamed easily.

● Vocabulary

beg for ~	～を乞う、懇願する	**garbage**	ゴミ
make a living	生計を立てる	**It might be that ~**	
dispose	～を廃棄する		～ということなのかもしれない
recyclables	再利用可能なもの		

Comment

homeless people という言葉の代わりに、beggar「物乞い」という言い方をする人もいますが、現在ではモラル上の観点からこの言葉が使われることは少なくなっています。ただし物語などにはよく出てくる言葉です。beg は「乞う」という意味と同時に「はぐらかす」「かわす」といった意味も持ち、例えば beg the question と言うと「問題をはぐらかす」の意味です。

025 なぜ日本人は時間にうるさいの？

Why are Japanese people so punctual?

Answers

→ 日本では、時間に正確なのは常識だと考えられているよ。

It is considered common sense to be prompt in Japan.

→ 多くの日本人が遅れない習慣を身につけているよ。

Many Japanese have acquired this habit of not being late.

→ 小さい頃から、時間を守ることを教育されてきたんだ。

Because we were taught to be punctual from a very young age.

→ 若い日本人はそれほど時間に正確でもないよ。

Young Japanese people these days are not so punctual.

● Vocabulary

punctual　時間に正確な

common sense　常識

prompt　時間に正確な

acquire　～を習得する

habit　習慣

Comment

INSEAD（欧州経営大学院）客員教授のエリン・メイヤー氏が書いた著書
『異文化理解力』（The Culture Map）の中に、どの国の人が時間に正確か、
そうではないかが順位づけされている興味深いページがあります。また、
punctualについては、本書のChapter 1でも登場します（→p.20）。

026 日本はなぜゴミ箱がなくても街がキレイなの？

How are the streets so clean without trash cans?

Answers

→ 私の場合、ゴミを家に持って帰るか、見つけたゴミ箱に捨てるよ。

In my case, I bring garbage home or throw it in a trash can I find.

→ 日本人は道徳レベルが高いんだ（笑）。

Our people have high morals. :)

→ 掃除をすることは、小さい頃からの習慣なんだ。

It has been our habit since childhood to clean things ourselves.

→ 日本人はそれに誇りを持っていると思う。

I think we're proud of this.

● Vocabulary

trash can　ゴミ箱
in my case　私の場合
have high morals　道徳レベルが高い（**morals**　品行）
clean　〜をきれいにする、掃除する

Comment

trashは「紙クズなどのゴミ」、garbageは「生ゴミを含むゴミ」を主に指しますが、イギリス英語ではrubbishと言います。これは「ゴミ全般」を含みますが、アメリカではほとんど聞かない言葉です。
ゴミ箱はtrash canの他にtrash can / waste basketなどの言い方があります。日本で言う「ダストボックス」（dust box）は和製英語で、英語ではこの言い方はしません。「そのゴミはゴミ箱に捨てる必要があります」と言うなら、You have to put that in the trash box.です。

46

027 日本の学校では生徒が掃除をするって本当？

Is it true that Japanese students clean their classrooms?

Answers

→ そうなんだ、日本では学校をきれいに保つことは生徒たちの役割なんだよ。

Yes, students are in charge of keeping the school clean in Japan.

→ え、他に誰が掃除するの？

What? Who else would clean?

→ 高校までは、自分たちで教室を掃除する学校が多いよ。

Up until high school, many schools let students clean their classrooms.

→ たいてい、昼休みや放課後に掃除をするんだ。

Mostly, they clean after lunch break or school.

● Vocabulary

be in charge of doing ~ 　～することを担当している	**mostly**　たいてい
Who else would do ~? 　他に誰が～するの？	**lunch break**　昼休み
up until ~　～まで	

Comment

アメリカをはじめ多くの国では、教室の掃除を仕事にしている人がいます。日本の「生徒が教室を掃除する」という教育方法は海外でもテレビで取り上げられるなど、衝撃は大きいのですが、称賛される一方で「児童虐待だ」とか「清掃員の雇用をしないことでコストカットをしている」などという声があるのも事実です。

028 なんでゴミの分別のルールがこんなに細かいの？

Why are the rules of separating garbage so complicated?

Answers

→ 再利用できるものとできないものを区別するためだよ。

We help separate what is reusable or not.

→ 家でゴミを分別することは、ゴミ処理の費用を抑えることにつながるよ。

Separating garbage at home helps reduce the cost of disposing it.

→ 温室効果ガスの排出を減らす最初のステップはゴミを減らすことだよ。

To reduce emissions of greenhouse gases, the first step is reducing our garbage.

→ そんなこと思ったことがないよ。あなたの国ではもっと簡単なの？

I've never thought about that. Are your country's rules easier than Japan's?

● Vocabulary

help do ~　～するのを手伝う
reusable　再利用できる
reduce　～を減らす
dispose　～を処理する
emission　排出
greenhouse gas　温室効果ガス

Comment

世界のどの国と比べても日本のゴミ分別のルールの細かさは飛び抜けているような気がします。環境に敏感であるはずのアメリカでさえもゴミは「リサイクルできるもの」「それ以外」という分け方が一般的です。「燃えるのか燃えないのか、燃やしてみなければわからないじゃないか」といった冗談のような意見もよく耳にします。

029 日本ではほとんど何でも自動販売機で買うことができるってほんと？

Is it true you can buy almost everything from vending machines in Japan?

Answers

→ 温かい麺類、花、米、タバコ、新聞や雑誌が買えるところもあるよ。

In some places, you can buy hot noodles, flowers, rice, cigarettes, newspapers and magazines.

→ 1人あたりの自販機の多さは世界一なんだ。

Japan has the highest per capita rate of vending machines in the world.

→ 地方だと、釣りのえさや電池を売る販売機を見ることができるって聞いたよ。

I heard machines selling fishing bait and batteries can be found in rural areas.

→ 最新の自販機だと、大きいiPadのようなタッチスクリーンがあるよ。

Some of the latest machines have a touch screen like a big iPad.

● Vocabulary

vending machine	自動販売機	**rural**	地方の、田舎の
per capita	1人あたり	**latest**	最新の
fishing bait	釣りのえさ		

Comment

per capita は経済関連のトピックの際によく使われる表現で、「1人あたり」という意味です。ラテン語で「頭」という意味のcapitaがそのまま英語でも使われています。per capita coffee consumption「1人あたりのコーヒー消費量」のように形容詞としても使われます。

ラテン語がそのまま英語として使われている例はとても多く、am「午前」、pm「午後」、etc.「〜など」、i. e.「すなわち」など数えきれません。

030 日本では水道水がそのまま飲めるのはなぜ？

Why is tap water in Japan safe to drink?

Answers

→ 浄水設備が素晴らしくて、良好な状態で維持されているんだ。

Water purification facilities are excellent and well-maintained.

→ でも、ペットボトルや、ウォーターサーバーの水を飲む人が多いよ。

But many people drink bottled water or water from a dispenser.

→ 東京や大阪では、以前ならペットボトルの水道水を買うこともできたよ。

Bottled tap water used to be available for purchase in Tokyo and Osaka.

→ このペットボトルの水は、水道水の品質の高さのPRを目的として作られたんだ。

This bottled water was made for PR purposes to promote the high quality of tap water.

● Vocabulary

tap water 水道水
purification 浄化
facility 設備
well-maintained 良好な状態で維持された
bottled ペットボトルの、瓶詰めの
dispenser ウォーターサーバー

Comment

「広報活動」という意味で使われるPRは public relations の頭文字を取ったもので、日本語同様、PRという使われ方もします。「広報担当者」は public relations officer、企業などの「広報課」は public relations division と言います。

031 なぜアルコールをどこでも飲むことができるの？

Why can people drink alcohol anywhere they want to?

Answers

→ 公共の場では禁止されているところもあるよ。

Drinking in public places is prohibited in some communities.

→ 公共の場で飲酒してもあまりトラブルが起きないからじゃないかな。

Drinking in public places doesn't cause much trouble in Japan.

→ 問題なく楽しむだけなら、許されるんだよ。

As long as you're enjoying it, and not making any trouble, it's allowed in Japan.

→ IDで年齢確認はされるけど、自販機でもお酒を買うことができるよ。

Your ID is checked, but you can even buy alcohol at vending machines.

● Vocabulary

prohibit 〜を禁じる
cause trouble 騒ぎを起こす
As long as 〜 〜である限りは
make trouble 問題を起こす

Comment

アメリカでは屋外や公共の場での飲酒は基本的には禁止されています。これは観光客にも当てはまりますから、キレイな海辺を見つけて仲間とビールで乾杯、なんてことをしたらそれを見ている人から通報されるかもしれません。旅先で購入した酒を車内の手が届く場所に置くことも違法です。必ずトランクに入れましょう。

私たちはまだ日本の素晴らしさを知らない？

「コンビニの商品のバラエティーが豊富」「トイレのクオリティが高い」「水道水が綺麗で飲める」……。これを聞いてみなさんはどのように思うでしょうか？　これはすべて、日本に対する外国の方の実際の意見なのですが、どれも当たり前のように思っている日本人が多いのではないでしょうか。

　私たちJapan Tour Guideのボランティアガイドは、「お助け隊」と称して、街中でサポートが必要な外国人観光客の方のお手伝いをしています。実際に渋谷で会った外国の方から「渋谷は綺麗な場所だね、ニューヨークとは大違いだよ！」と言われて、とても驚きました。私たち日本人からしてみたら「この雑多な雰囲気たっぷりの渋谷が、ニューヨークより綺麗!?」なんて思ってしまいます。しかしニューヨークで排出されるゴミの量は東京の約3倍だというニュースを読むと、それもわかる気がします。

　またある外国人は、街頭で無料のティッシュが配られていることに感銘を受けたと言っていました。国によってはティッシュの値段が高いところもあります。そんなティッシュを無料で配る日本での光景は、外国人からしてみたら奇妙でもあり嬉しくもあるものなんだと好意的に話してくれました。

　外国の方と話をしてみて初めて、日本で当たり前のことが他の国では当たり前のものではないのだと気づきます。これまでさほど目を向けてこなかった日本という国を意識するきっかけを与えてもらえるのも、海外の方と話す楽しみの1つです。

Chapter 3

What does

Itadakimasu mean?

食事に関わる質問

欧米人からしてみると、日本ではチップの習慣がないのにもかかわらず、ホスピタリティの高い従業員が多いのが不思議だと感じていることが多いです。ただ、今の日本でも、飲食店で働きたい人が少なくなっているのは、逆に過度なホスピタリティを従業員に求め続けたしわ寄せなのかもしれませんね。ちなみにアメリカでは月にチップだけで何十万円も稼ぐレストラン従業員がたくさんいます。ここでは、そんな食事の場に関して外国の方から受けた質問と、その回答例をご紹介します。

032 チップの習慣がないのに、日本のレストランの接客係がお客に良いサービスを提供するのはなぜ？

Why do Japanese servers treat customers so well in restaurants even though there is no custom of tipping?

→ 日本では、チップを払わないのが当たり前なんだよ。

It's common not to tip in Japan.

→ 店員にとってお客をもてなすのは当然のことだと考えられているんだ。

We think of it as natural for servers to be hospitable to customers.

→ 給料にチップが含まれていると考えてみたらどうかな。

Think of it as their salary includes the tip.

→ 私たちはチップを得るためではなく、雇い主から給料をもらうために働くんだ。

We don't work to receive tips but to earn salary from our employer.

● Vocabulary

server　給仕する人	think of it as natural for ~ to do ...
treat ~ well	～が…するのは当然だと考える
～に良いサービスをする	hospitable　親切にもてなす
tip　チップを払う	

Comment

hospitalityは「もてなし」とか「もてなしの心」という意味ですが、日本人の「もてなしの心」とはややニュアンスが違います。新聞でも日本の「もてなしの心」を表現する際には、genuine hospitality「誠実で温かなもてなし」（→p.68）やcordial hospitality「心からのもてなし」のように、hospitalityの前に形容詞をつけて表しています。

033 なぜ日本にはベジタリアン向けのレストランが少ないの？

Why aren't there many vegetarian restaurants in Japan?

Answers

→ ベジタリアンレストランの数は増えてきているよ。

The number of vegetarian restaurants is increasing.

→ そもそも、日本にはベジタリアンが少ないんだ。

Originally, very few vegetarians are in Japan.

→ 精進料理は日本のお寺を起源としたベジタリアン料理の１つだよ。

***Shojin* is the art of Japanese vegetarian cuisine that originated from Japanese temples.**

→ 状況は変わってきているけど、最近ではより一般的になっているよ。

The situation is changing; recently they're becoming more common.

● Vocabulary

vegetarian ベジタリアン（の）
originally もともと
cuisine 料理
originate from ~ ～を起源とする

Comment

食事の制限が厳しいのは、ベジタリアンに限りません。例えばイスラム教徒は、お酒と豚肉に関して全面的に口にすることを許されていません。ワインで味を調えたスープ、酒やみりんを使った和食、リキュールの入ったお菓子、ポークエキスのスープも禁止です。イスラム教の人をもてなすには、「ハラール認証」を受けているレストランを探すのがよいでしょう。

034 日本人が麺を食べるときに音を立てるのはなぜ？

Why do Japanese people slurp when they eat noodles?

Answers

→ 勢い良く麺をすすると香りをより感じることができて、よりおいしく感じられるんだ。

When you slurp noodles quickly, you can smell the aroma more, and they taste more delicious.

→ 僕らにはおいしそうな音に聞こえるんだよ。

That sound is a tasty one for us.

→ 麺を食べるとき、日本では音を立ててすすって食事を楽しんでいるんだ。

When eating noodles, slurping shows you're enjoying your meal in Japan.

→ ある国では受け入れられている食事のマナーが、他の国では不作法と考えられることもあるんだね。

An eating manner accepted in one country could be considered rude in another country.

● Vocabulary

slurp	音を立てて食べる
taste	～の味がする
tasty	おいしい

> Comment
>
> 音を立てて吸い込むことを slurp と言いますが、日本人がソバやラーメンなど音を立てて食べる様子に驚く外国人旅行者は多いです。文化の違いですから、音を立てる理由を語るよりも、国によって文化が違うこと、これはその1つだと説明するほうが理解しやすいように思います。

035 なぜ「とりあえずビール」と言うの？

Why do many Japanese people say "Let's start with beer"?

Answers

→ 「とりあえずビール」は、かつて居酒屋で定番の言い回しだったんだ。
"Let's start with beer" used to be a cliché in *izakaya*.

→ それはちょっと古めかしい決まり文句だよ。最近はそれほど聞かない。
It's a bit of an old-fashioned cliché. It's not heard that much nowadays.

→ 年配の人たちは居酒屋でそういう言い方をするかもしれない。
Older people may use that saying in *izakaya*.

→ 焼酎をソーダで割ったチューハイを飲みなよ、たくさん種類があるから。
You should drink *chuhai* made from Japanese spirit with soda, since there are a lot of varieties of that.

● Vocabulary

cliché 決まり文句、定番の言い方
old-fashioned 古臭い、時代遅れの
that much それほど、そこまで
nowadays 最近は、今日では
saying 言い回し

Comment

cliché はもともとフランス語です。外来語として英語に入ってきた語ですが、現在は英語の中で自然に使われています。「定番の表現」という意味で、「陳腐な」とか「月並みな」といったネガティブなニュアンスがあります。clichéd story「お決まりのストーリー」のように英語的に変化させて使う人もいて、今では完全に英単語の1つです。

Chapter 3

What does *Itadakimasu* mean?
食事に関わる質問

036 日本にはなぜ飲み放題のお店が多いの？

Why are there many restaurants with free-flowing drinks?

→ 一見、値段がお得なように見えるからだよ。

They are apparently inexpensive.

→ 手頃な値段で飲み物を提供してくれる店が好きな人は多いからね。

Many people like places that offer drinks at a reasonable price.

→ 若い人たちは手頃な値段で飲みたいからさ。

Young people want to drink at a reasonable price.

→ 海外で飲み放題の店がどうして少ないのか不思議だよ。

I'm wondering why there are less bars providing all-you-can-drink overseas.

● Vocabulary

free-flowing drinks　飲み放題
apparently　一見、見たところ
inexpensive　安価な
reasonable　価格が手頃な
be wondering why ~　どうして〜なのかと思う
all-you-can-drink　飲み放題

Comment

all-you-can-drinkは「飲み放題」という意味ですが、くだけた言い方ですから、高級レストランなどでは使われることはないでしょう。「飲み放題」というサービスは、パーティーで店ごと借り切ってしまうような場合以外には欧米にはあまりありません。

037 なぜ日本にはこんなに喫茶店が多いの？

Why are there so many coffee shops in Japan?

Answers

→ 休憩するだけではなく、そこでミーティングをしたり仕事をしたりする
人もいるよ。

We use coffee shops not only to take a break but also to have meetings or do work.

→ 昔ながらの喫茶店は、お爺さんやお婆さんの憩いの場だよ。

An old-fashioned coffee shop is a place for older gentlemen and ladies to take a breather.

→ 日本は最近、世界で最も多くコーヒーを輸入している国の１つなんだって。

I heard Japan is among the world's largest importers of coffee these days.

→ Wi-fiが使えるカフェがもっとたくさんあれば便利なのにね。

It would be useful if there were more coffee shops where you can use Wi-fi.

● Vocabulary

not only A but also B　AだけでなくBも
take a break　休憩する
take a breather　一息入れる、休憩する
importer　輸入者（import　〜を輸入する）

Comment

猫カフェや犬カフェのような変わったカフェのほか、インスタ映えする
カフェへ行きたいという人たちも増えてきました。「インスタ映え」は、
InstagrammableやInsta-worthyで言い表すことができます。

Chapter 3

What does *Itadakimasu* mean?

食事に関わる質問

038 なぜ日本にはまずい店があまりないの？

There are very few restaurants that serve bad food in Japan. Why?

→ 多くの日本人は味覚が優れているからさ（笑）。

Many Japanese people have a good sense of taste. :)

→ 料理がおいしくないと、店は潰れちゃうだろうね。

If the food isn't good, that restaurant will close down.

→ 日本の客はグルメで、味にうるさいんだ。

Customers in Japan are foodies and very picky about tastes.

→ 多くの人が、健康に良くてバランスの取れた食事に興味を持っているよ。

Many people are interested in eating a healthy, balanced diet.

● Vocabulary

serve （食事）を出す

sense of taste 味覚

foodie 食通、グルメ

picky 選り好みする、うるさい

balanced diet バランスの取れた食事

Comment

「食通、グルメ」を表すfoodieは比較的新しい表現です。gourmetは「美味な」の意味。もとはフランス語で、最後のtは発音しません。

どうして日本のお菓子はどれもおいしいの？

Why are all Japanese snacks very tasty?

Answers

→ 技術力を持つお菓子メーカーが多いんだ。

There are many highly-skilled candy makers.

→ メーカーは1年を通して四季折々の新しいお菓子を作り、新しい顧客を獲得しようとするんだ。

Those makers create new seasonal sweets throughout the year to acquire new customers.

→ 味だけでなく、パッケージや見た目のクオリティも高いよ。

The high quality is not only tastes but also the package and appearance.

→ 外国人旅行者がお土産にたくさん日本のお菓子を買っているよ。

Foreign travelers buy a lot of Japanese sweets for souvenirs.

● Vocabulary

snacks/candy/sweets お菓子
seasonal 季節の
throughout 〜中、〜の間ずっと
appearance 見た目
souvenir お土産

Comment

日本の「お菓子」を表す英単語はsnacksになるのではないでしょうか。snacksで甘いお菓子と甘くないお菓子の両方を表現できます。甘いお菓子に関しては、地域によってcandy, sweets, sweet snacksが使われ、ポテトチップスなど塩味のお菓子はsnacksやsalty snacksなどと呼ばれます。マーケティングに関して言うと、market size「市場規模」やcorporate effort「企業努力」などはニュースでよく使われる表現です。

040 どうして日本の果物はこんなにおいしいの？
Why is Japanese fruit so tasty?

→ おいしくなるように、また見た目がよくなるように作られているんだよ。

Many are grown to taste delicious and look good.

→ 農家の品種改良や努力のお陰で、そのおいしさが楽しめるんだよ。

Because of selective breeding and the efforts of farmers, you can enjoy them.

→ おいしいのはいいけど、高すぎることもあるよね。

It's good we can eat tasty fruit, but sometimes it's very expensive.

→ いちご1粒に1000円以上の価値があるなんて驚きだよね。

It's surprising that a strawberry is worth more than 1,000 yen.

● Vocabulary

taste ～の味がする

selective breeding 品種改良

be worth ~ ～相当の、～の価値がある

Comment

英語には果物に関する慣用表現がとても多く存在します。sour grapes（酸っぱいぶどう）は「負け惜しみ」、top banana で「主役」「リーダー」、bite of the cherry（さくらんぼをひと噛み）で「またとないチャンス」「好機」を表します。peach は「素敵な人」、それに対して lemon は「欠陥品」。イギリス英語では lemon を人にも使い、「愚か者」という意味になります。

041 日本ではなぜこんなにピザが高いの？

Why does pizza cost so much in Japan?

Answers

→ ピザは日本ではちょっとした贅沢品なのかもしれない。パーティーや誕生日などの特別なときにピザを食べるんだ。

Pizza might be a bit of a luxury in Japan. People eat it during special occasions like parties and birthdays.

→ 安価な値段で提供するレストランも増えてきているよ。

The number of restaurants offering reasonable prices is increasing.

→ 海外で日本食が高いのと同じことだよ。

It's the same as Japanese cuisine is expensive in foreign countries.

→ 日本ではピーナッツバター、タコス、ピザといった海外の食品はかなり高価なんだ。

International foods such as peanut butter, tacos, and pizza are fairly expensive in Japan.

● Vocabulary

cost 〜がかかる
a bit of a ~ ちょっとした〜、たいした〜
luxury 贅沢品
occasion 出来事、場合
It's the same as ~ 〜と同じだ
fairly かなり

Comment

アメリカやイタリアでは、日本よりも安くピザを提供するお店もあるようで、「日本は物価の割にピザが高い！」と驚く外国人の声を聞いたことがあります。「物価」を表す単語は、price「価格」の複数形pricesです。

042 日本人は毎日寿司を食べるの？
Do Japanese people eat sushi every day?

Answers

→ そんなことはないよ。アメリカ人が毎日ハンバーガーを食べないのと同じだよ。

No. It's the same as how people in the US don't eat hamburgers every day.

→ 日本食には多種多様な料理があるよ、寿司以外の食事も試してみたら。

Japanese cuisine has a wide variety of dishes; you should try more than sushi.

→ もし僕が大金持ちだったら、毎日食べるかも！

If I were a rich man, I might eat it every day!

→ そんな人がいたら、相当変わってるよ。

If such people exist, they're very strange.

● Vocabulary

cuisine （国・地域などの）料理
a wide variety of ~ 多種多様の〜、広くさまざまな〜
dish 料理
more than ~ 〜より多くの

Comment

dishにはもちろん「皿」という意味がありますが、「料理」という意味でも使われることが多い単語です。homemade dishと言えば「手料理」のことですし、Vietnamese dishなら「ベトナム料理」のことです。食事を話題にするときにぜひ使ってみてください。

043 日本人はなぜ生魚を好んで食べるの？

Why do Japanese people like to eat raw fish?

Answers

→ 日本は海に囲まれていて、新鮮な魚が簡単に獲れるからだよ。

Fresh fish is easy to get because Japan is surrounded by the ocean.

→ 魚は日本の主食のご飯や醤油に合うからさ。

Fish goes well with rice, a Japanese staple food, and also with soy sauce.

→ 輸送システムがいいから、新鮮な魚が手に入るんだ。

We can have fresh fish because we have a good transportation system.

→ 日本には魚料理のレシピがたくさんあるから、生で食べるのはその一種なんだ。

We have many recipes for fish, and eating it raw is one of them.

● Vocabulary

raw 生の（ままで）

go well with ~ ～に合う

staple food 主食

transportation 輸送

Comment

寿司を食べに日本に来ているという観光客でも、以下のネタを出す場合には注意が必要です。「倫理的に問題だ」と考えられているクジラ、見た目で嫌がる人が多いイクラとウニ、英語ではpoisonous fish（毒のある魚）と訳されるフグ、精巣である白子、あとは魚ではありませんが馬肉です。アメリカでは人間の食用で馬を殺すことが法律で禁止されている州もあります。

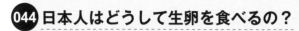

044 日本人はどうして生卵を食べるの？

Why do Japanese people eat raw eggs?

Answers

→ 卵がとても良い状態で売られていて、新鮮だからだよ。

Because eggs are sold in very good condition, so they are fresh.

→ 食品衛生管理が優れているから、生卵を食べても安全だよ。

It's safe to eat raw eggs because food hygiene management is good.

→ 生卵はごはんとよく合うから、みんな好きなんだ。

Raw eggs and rice go well together, and many people like it.

→ 生卵を食べてみたら？　とてもおいしいよ。

Why don't you try eating a raw egg? It's very good.

● Vocabulary

hygiene 衛生
Why don't you try doing ~? 試しに～してみたら？

Comment

欧米では生卵を食べることはほとんどありません。日本人が食べているのを見て「それは衛生的なのか？」と思う人は多いようです。「衛生的な」という意味を表す形容詞はhygienicまたはsanitaryが一般的です。殺菌済みのコップはsanitary cupと言います。

045 レストランでウエットタオルが出てくるのはなぜ？

Why do some restaurants provide wet towels at meals?

→ それはおしぼりと呼ばれるもので、手や口の周りをきれいにするために使われるんだ。

They're called *oshibori* and are used to clean your hands and around your mouths.

→ 食事の前だけでなく後にも出てくることがあるよ。

They're sometimes served not only before but also after meals.

→ それで顔や首を拭きなよ。とても気持ちいいよ。

Wipe your face and neck with it. It feels so good.

→ 冬には温かいおしぼりが、夏には冷たいおしぼりが出てくることもあるよ。

In winter they're often heated, while they're often chilled during the summer.

● Vocabulary

provide 〜を提供する
at meals 食事のときに
wipe 〜を拭く
chilled 冷えた

Comment

外国人と一緒に食事に行くと、おしぼりが出てきたとき、どうしたらいいかわからない素振りを見せる人もいます。手を拭くだけでなく、顔や首を拭くこともあると説明してあげましょう。私たちにとっては単なるおしぼりですが、おもてなしの1つだと喜ばれることも多いです。

046 飲み会のとき、相手の飲み物を注ぐのはなぜ？

When drinking, why do you pour drinks for others?

Answers

→ それが私たちのおもてなしの1つだよ。

That's one part of our genuine hospitality.

→ 慣習として、年下の人が年上の人に敬意を込めてお酒を注ぐんだ。

As with custom, young people fill drinks for senior people with respect.

→ 送別会や結婚式などでは、祝福を受けている人にみんなが注ぐんだよ。

For going-away parties and weddings, everyone will pour for the one being celebrated.

→ ビジネスパーソンは常に取引先にお酒を注ぐよ。

A businessperson will always pour for a client.

● Vocabulary

pour ～を注ぐ
genuine 誠実な
fill ～をいっぱいに注ぐ
senior 年上の
respect 敬意
going-away party 送別会
client 取引先

Comment

たとえ接待であっても社内の飲み会であっても、アメリカでは「お酌をする」ことは一般的ではありません。自分でつぐか、ウエイターがつぐべきものと考えられています。アメリカ人には奇異に見えるだけですが、ヨーロッパ（特にフランス）では「品がない」と思われてしまいます。店の人がするべき仕事と考えられているからです。

047 「いただきます」ってどういう意味？

What does *Itadakimasu* mean?

Answers

→ その言葉は日本人にとって、食事の前にお祈りをすることと同じだよ。

It's the Japanese equivalent to saying grace before a meal.

→ 食事を準備してくれた人や、食材への感謝を意味しているよ。

It shows gratitude for the person who prepared the meal and the ingredients.

→ その言葉は生きとし生けるものすべてを尊重するという仏教の考え方に関係しているんだ。

It's related to Buddhist principles of respecting all living things.

→ でも実際には、「じゃ、食べましょう」とか「食事に感謝します」という意味で使われるよ。

But actually, it's used as "Let's eat" or "Thanks for the food."

● Vocabulary

equivalent 　〜と同等のもの	**be related to ~** 　〜に関係している
say grace	**principle** 　主義、原則
（食前・食後の）お祈りをする	**respect** 　〜を尊重する
gratitude 　感謝	**all living things** 　生きとし生けるもの
ingredient 　食材、材料	

Comment

「いただきます」とは何を「いただく」のか。それは「自然の恵み」であり、ひいては「他の生きているものたちの命」だそうです。軽い意味合いから言葉本来の深い意味まで解説した回答例を挙げましたが、読者のみなさんがどういう気持ちで「いただきます」と言うのかに合わせて説明をするとよいと思います。

048 「ごちそうさま」ってどういう意味なの？

What is the meaning of *Gochisosama*?

→ 作ってくれた人や出してくれた人に対する感謝の言葉であると言われてるんだ。

It is said to be a term of gratitude to the people who cooked and served the food.

→ 食べたものに対して感謝を表す言葉だと言う人もいるよ。

Some say it's a term of gratitude for the food you had.

→「ちそう」は走り回ることを意味するんだ。昔は、お客のために走り回ってご飯を手に入れていたんだって。

***Chiso* means run around. Long ago people got food by running around for guests.**

→「ご」は接頭語、「さま」は接尾語で、それが「ちそう」を丁寧なものにしているよ。

***Go* is a prefix and *sama* is a suffix. They make the expression courteous.**

● Vocabulary

prefix　接頭語
suffix　接尾語
courteous　礼儀正しい、丁寧な

Comment

日本語について聞かれたときには、3つ目の例文のようにA means B.（AはBという意味だよ）という表現を覚えておけば、ほとんどの場合に使えるでしょう。「お客さん」や「お店」の「お」って何？という質問には、prefix「接頭語」という単語を覚えておくと便利です。

049 日本では歩きながら食べるのは不作法なの？

Is it impolite to eat and walk at the same time in Japan?

Answers

→ 年配の人はそれを不作法だと言うかもしれないけど、今や多くの人が歩きながら食べているよ。

An elderly person might say it's impolite, but many people eat and walk nowadays.

→ 不作法ではないかもしれないけど、行儀が良くないと見なされるよ。

It might not be impolite but it's recognized as bad-mannered.

→ お祭りのときや繁華街を歩くときは、食べ歩きするよ。

We eat and walk at the same time during festivals or when walking downtown.

→ 公共の場にゴミ箱がないから、日本では食べ歩きは不便かもしれない。

It might be inconvenient in Japan because there aren't enough public trash cans.

● Vocabulary

impolite	不作法な	**downtown**	繁華街で
elderly	年配の	**trash can**	ゴミ箱
bad-mannered	行儀が悪い		

Comment

「不作法である、失礼である」という意味の形容詞にはrudeという単語もあります。impoliteと重なる部分もありますが、rudeはその不作法な行為が意図的であることも含むので、こちらのほうがより失礼だと言えるでしょう。

050 なぜ日本人はウイスキーを水割りにするの？

Why do Japanese people mix whiskey with water?

Answers

→ 理由の１つは、ストレートのウイスキーは多くの日本人にとって強すぎるからかな。

One reason is that straight whiskey is too strong for many Japanese people.

→ あるウイスキーメーカーが和食にも合うその飲み方を広めたんだって。

One whiskey maker spread that way to pair with Japanese food.

→ 日本の水がおいしいことも理由の１つじゃないかな。

Another reason is that Japanese water tastes very good.

→ テレビコマーシャルもこの飲み方を後押ししているよ。

Even TV commercials encourage people to have this preference.

● Vocabulary

mix whiskey with water 　ウイスキーを水割りにする	**pair with ~**　〜に合う
	encourage ~ to do ...
spread 　（過去形も spread）〜を広げる	〜に…することを勧める
	preference　好み、ひいき

Comment

アメリカで水割りという飲み方は一般的ではありませんが、バーなどで注文する場合はWhiskey and water. と言えば通じます。ジャックダニエルのコーラ割り（Jack and coke）のように銘柄ごと伝える人も多いです。ノンアルコールは virgin と言います。あるカクテルをオーダーし、それをノンアルコールでほしいという場合はMake it virgin. と言います。

051 なぜ日本人は味噌や漬け物、納豆のような強い臭いの食べ物が好きなの？

Why do Japanese people like strong-smelling foods like *miso, tsukemono* and *natto*?

Answers

→ 発酵食品は日本のソウルフードで、毎日の食生活に欠かせないものなんだ。

Fermented food is the soul food of Japan and is an essential part of the daily diet.

→ 中には、臭いのせいでその食べ物が嫌いな人もいるよ。

Some people don't like them because of the smell.

→ その食品が健康に良いから食べるんだ。

We eat them because they're good for our health.

→ 君もチーズを食べるでしょ。臭いの好き嫌いは出身によって違うんじゃないかな。

You eat cheese, right? It depends on where you're from which smell you like or not.

● Vocabulary

strong-smelling	強い臭いの	**diet**	日常の食事、食べ物
fermented food	発酵食品	**depend on ~**	～次第だ
essential	欠かせない		

Comment

英語には「におい」を表現する語が多く、主なものでもsmell, scent, fragrance, odor, stinkなどがあります。scentは「良い香り」を表現する語で、fragranceは「花などが放つ芳しい香り」、一方odorとstinkは「悪臭」を意味します。smellは中立的で、どちらも表現できる語です。

052 そばとうどんとラーメンの違いは何？

What are the differences among *soba*, *udon*, and *ramen*?

Answers

→ そばはそば粉からできていて、麺の色は灰色だよ。

Soba noodles are made from buckwheat flour, and are gray in color.

→ うどんは小麦粉でできていて、麺の色はたいてい白いんだ。

Udon noodles are made from wheat flour, and are generally white in color.

→ ラーメンの麺は小麦粉でできていて、麺は長くて弾力性があるんだ。

Ramen noodles are made from wheat flour, and are long and springy.

→ 麺の太さが違うよ。うどん、ラーメン、そばの順に太いんだ。

The thickness of the noodles is different. *Udon* is the thickest one, then *ramen*, then *soba*.

● Vocabulary

buckwheat flour　そば粉
wheat flour　小麦粉
generally　たいてい
springy　弾力性のある
thickness　太さ

Comment

麺の原材料と見た目の違いのみを取り上げましたが、それぞれの麺の上に乗る具（additional ingredients）も補足すると、より違いがわかりやすいかもしれません。チャーシューはa slice of roast porkと言えば通じます。そばやうどんは具なしでそのまま食べることもある（You can eat it plain.）と言うと、外国から来た人に驚かれることが多いです。

74

053 とんこつって何？

What is *tonkotsu*?

Answers

→ 文字通り豚の骨のことだよ。けど、とんこつラーメンの「汁」のことを言うことが多い。

It's literally a pork bone, but it usually refers to "broth" for *tonkotsu* ramen.

→ とんこつラーメンは味が本当に濃厚なんだ。

***Tonkotsu* ramen is really thick, rich and has a strong taste.**

→ スープは1日以上豚骨を茹でて作られるらしいよ。

I heard that the broth is prepared by boiling pork bones for more than a day.

→ とんこつスープはたくさんのコラーゲンを含んでいて、美容に良いと言われているんだ。

It contains a lot of collagen and is said to be good for beauty.

● Vocabulary

literally 文字通り
refer to ~ ～のことを指す
broth だし汁、スープ
thick （液体が）濃厚な

Comment

strongが「濃厚である」というのに対し、mildと言えば「まろやかだ」「やわらかい味わい」といった意味です。greasyやoily は「こってり」「ぎとぎとと油っぽい」という意味で、通常は良い印象ではありませんが、ラーメンを解説するときには使い勝手の良い単語かもしれません。

054 日本のラーメンは中華料理じゃないの？

Isn't Japanese ramen a Chinese food?

→ 中華麺が19世紀に横浜中華街へ伝わったんだ。

Chinese noodles were brought to Yokohama Chinatown in the 19th century.

→ それからラーメンが日本全国に広まっていったんだ。

That was when ramen spread all over Japan.

→ 多くの日本の料理人が自分のやり方で個々に麺やスープの作り方、調味料や付け合わせを開発したんだ。

Many cooks in Japan had their own individual ways of preparing the noodles, broth, flavoring, and garnishes.

→ 今やラーメンは日本文化の象徴で、横浜には「ラーメンミュージアム」まであるよ。

Now ramen is a Japanese cultural icon, and there's even a ramen museum in Yokohama.

● Vocabulary

Chinatown　中華街
flavoring　調味料
garnish　付け合わせ
cultural icon　文化の象徴

Comment

「日本のラーメンは中華料理のどの麺料理をベースにして発展したのか」に興味を持っている外国人は多いようですね。broth「だし汁」、flavoring「調味料」、garnish「付け合わせ」などは、ラーメンを語るのに欠かせない単語です。

055 日本にはなぜあんなにたくさんの種類の缶コーヒーがあるの？

Why are so many kinds of canned coffee sold in Japan?

Answers

→ シンプルだよ。みんな缶コーヒーが大好きなんだ。

The answer is simple; people love canned coffee.

→ 1つの理由は、日本全国に約220万台もの自動販売機があるからだよ。

One reason is that there are about 2.2 million vending machines all over Japan.

→ 缶コーヒーの種類は100種類以上あって、日本では年間約100億本の缶コーヒーが売られているんだ。

There are more than 100 kinds of canned coffee, and about ten billion cans of it are sold each year in Japan.

→ あるコーヒーメーカーは日本で缶コーヒーを宣伝するためにアメリカの有名な俳優を起用しているよ。

One coffee company has a famous American actor advertising canned coffee in Japan.

● Vocabulary

canned coffee　缶コーヒー	**have ~ doing ...**
vending machine　自動販売機	〜に…させる、してもらう
billion　10億	**advertise**　〜を宣伝する

Comment

日本語での数の数え方に混乱する外国人が多いです。英語での数の数え方は、1,000 = thousand「千」、1,000,000 = million「100万」、1,000,000,000 = billion「10億」のように、数字にカンマがつく位置を基準にして呼び名が変わります。英語のほうが、数字を見て言葉にするのは簡単かもしれません。

056 お通しって何?
What is *otoshi*?

Answers

→ 「お通し」は「突き出し」とも呼ばれていて、「通過する」という意味だよ。

Otoshi, also called *tsukidashi*, literally means "to pass."

→ 注文してから、その食べ物が来るまでの間に食べる軽いおつまみだよ。

It's a small bite to occupy the time between placing your order and when the food arrives.

→ 日本特有の断ることができない前菜で、それぞれ平均、約200円から500円だよ。

It's Japan's compulsory appetizers costing on average 200–500 yen per each.

→ 日本式の居酒屋で客1人ひとりに出される前菜だよ。

It's an appetizer given to each customer at Japanese-styled pub restaurants.

● Vocabulary

small bite
　おつまみ（**bite**　軽い食事）
occupy　〜を占める、占有する
place the order　注文する
compulsory
　強制的な、義務的な、全員参加の

appetizer　前菜
cost　（値段）がかかる
on average　平均で
per each　1個につき

Comment

「お通し」に対して、外国人客とお店側の間で「頼んでいない」とトラブルになるケースはいまだにあるようです。やや強いニュアンスを持つ言葉ですが、compulsory「強制的な、全員参加の」という言葉を使ってはっきりと説明すれば、「外国人だからわからないと思って頼んでもいないものに課金されているんじゃないか」と思われる誤解は避けられます。

057 別腹って何？

What is *betsu-bara*?

Answers

→ 「デザートのための胃」のことだよ。

It refers to a "dessert stomach."

→ 「デザートのためには常に場所がある」と同じ意味だよ。

It's the same as saying "There's always room for dessert."

→ 「追加の」を意味する「別」と、「胃」を意味する「腹」を組み合わせてできた言葉だよ。

It's a combination of *betsu* meaning "extra," and *bara* or *hara* meaning "stomach."

→ ダイエットは明日から、って意味だよ（笑）。

Which means "A diet will start tomorrow." :)

● Vocabulary

dessert stomach	デザートなら入る胃
saying	言い回し
room	場所、スペース
combination	組み合わせ

Comment

a dessert stomachは俗語ではありますが、よく使われる表現です。「部屋」という意味で使われることが多いroomは、「空間的な余裕」「物理的に余っていて使えるスペース」を表すこともあり、上の例文ではその意味で使われています。

058 だしって何？

What is *dashi*?

→ 日本料理に用いられるだし汁、またはスープの素のことだよ。

It's a broth or cooking stock used in Japanese cuisine.

→ 和食には、だしが欠かせないんだ。

It's inevitable for Japanese cuisine to contain *dashi*.

→ 最も一般的なものは水に昆布や鰹節を削ったものを入れ、火にかけて作るんだ。

The most common form is made by heating water containing kelp and shavings of dried bonito.

→ 昨今の一般家庭では、粒状または液体のインスタントのだしのほうが多く使われているよ。

Granulated or liquid instant *dashi* is getting more popular these days in general households.

● Vocabulary

stock	**shavings of ~** 削った~
スープの素、ブイヨンスープの素	**bonito** 鰹
be inevitable for ~ to do ...	**granulated** 粒状の
~にとって…することが欠かせない	**general household** 一般家庭
kelp 昆布	

Comment

「だし」の英訳には、肉や魚などを煮出して作るbrothや、ブイヨンスープの素を意味するstockが使われることが多いです。ただ、日本料理で使うだしにはさまざまな種類があり、それを表すにはbrothやstockだけではなく、もっと説明がほしいように思います。3つ目の例文のcontaining以下を変えることで、他の種類のだしの作り方も説明できます。

鰹節は英語で*Katsuobushi* is dried, fermented and smoked bonito.「鰹節は乾燥させ、発酵させてスモークにした鰹です」と説明できます。

059 お箸の使い方を教えて。

Tell me how to use chopsticks.

Answers

→ はじめに、2本の箸を片手で持つんだよ。

First, grab both chopsticks with one hand.

→ 次に、上側の箸をペンを持つようにして、上から3分の1のあたりを持ってみて。

Next, hold the upper chopstick like a pen, about one third of the way from the top.

→ もう1本の箸を薬指に乗せ、親指の付け根で持つんだ。

Place the second chopstick against your ring finger, holding it with the base of your thumb.

→ 上側の箸を親指、人差し指、中指で動かして。そうすれば食べ物を上下の箸でつかむことができるよ。

Move the upper chopstick with your thumb, index finger, and middle finger. You can grab food between the upper and lower chopsticks.

● Vocabulary

grab 　〜をつかむ	**middle finger** 　中指
one third 　3分の1	**ring finger** 　薬指
thumb 　親指	
index finger 　人指し指	

Comment

お箸の使い方は難しくて、すぐに使いこなせるようになる人はなかなかいません。それよりはまず、エチケット違反の「迷い箸」「寄せ箸」「刺し箸」などを教えてあげるのが親切かもしれません。

Don't wave chopsticks over your food.（迷い箸）、Don't use chopsticks to pull a dish closer to you.（寄せ箸）、Don't stick chopsticks through your food.（刺し箸）のように説明すると、伝わりやすいと思います。

ラーメンをすするなんて、はしたない!?

　Japan Tour Guide のボランティアガイドとして、街中でサポートが必要な外国人観光客の方のお手伝いをしていると、たびたび「お腹がすいたから、どこかあなたのお勧めの店を教えて」と言われます。そして、どの国の人でも決まって、安くておいしい店に行きたいと言います。そんなとき、私はうどんやラーメンを外国人観光客の方に勧めます。おいしいお店の話をしていると、1人が私にこう尋ねました。「なぜ日本人は麺類を食べるとき、大きく音を立てて食べるの？　はしたないよ」

　こう聞かれて、おそらく多くの日本人はどう説明してよいのか困惑してしまうのではないでしょうか。例えば、CMでもあえて音を立てて食べることがあります。音響効果で麺をすする音を響かせるのは、おそらく日本人がその音をおいしそうだと感じるからなのでしょう。食事を、味、香り、見た目、そして音で味わうのは日本人の大きな特徴だと思います。

　Chapter 3のp.56でも、「日本人は麺を食べるとき音を立てるのはなぜ？」という質問とその回答例を紹介しました。

　「勢い良く麺をすすると香りをより感じることができて、よりおいしく感じられるんだ」「僕らにはおいしそうな音に聞こえるんだよ」「麺を食べるとき、日本では音を立ててすすって食事を楽しんでいるんだ」「ある国では受け入れられている食事のマナーが、他の国では不作法と考えられることもあるんだね」など、文化の違いを説明してみてはいかがでしょうか。

Chapter 4

日本のコレ、
英語で説明できますか？

僕が大学生ぐらいのときは、外国人にとって日本観光といえば神社やお城を見に行くことでした。それが、最近の外国人観光客は神社よりもメイドカフェに行ったり、コスプレイヤーに会いに行ったりとさまざまです。日本の観光名所も時代によって少しずつ変わってきているんだなと実感しています。

ここでは、そんな新旧さまざまな日本の文化について外国人から受けた質問と、その回答例をご紹介します。

060 だるまって何？

What is *daruma*?

→ 目も腕も足もない丸い赤い人形で、口ひげとあごひげを蓄えているんだ。

It's a round red doll with no eyes, arms or legs, which has a mustache and a beard.

→ 幸運のお守りとして人気があるよ。

It's a popular talisman of good luck.

→ 下が重く作られているため、常に立っているんだ。

It's weighted on the bottom, so it always keeps standing.

→ これは前向きに立ち続けるということを意味しているんだ。

This means that we're standing up positively.

● Vocabulary

round 丸い
mustache 口ひげ
beard あごひげ
talisman お守り
weight ～を重くする、～に重みを加える
positively 前向きに、積極的に

Comment

「だるま」は調べてみるとまだまだ多くの別の意味もあるようですが、ここではシンプルにしました。日本語では一口に「ひげ」と言いますが、英語ではmustache「鼻の下の口ひげ」、beard「あごひげ」、whiskers「ほおひげ」とすべて別々の単語を使い分けます。

061 てるてる坊主って何？

What is *teru-teru bozu*?

Answers

→ 白い布か紙で作られた人形だよ。

It's a doll crafted from white cloth or paper.

→ 窓際にそれをつるして、翌日の好天を願うんだよ。

We hang it over the window to wish good weather for the following day.

→ もしも逆さに人形をつったら、雨が降ると言われているんだ。

If you hang the doll upside down, it is said that it will bring rain.

→ 多くの子どもたちは、学校の旅行や楽しみにしているイベントの前にてるてる坊主を作るよ。

Many children make *teru-teru bozu* before a school trip or an event that they're looking forward to.

● Vocabulary

craft 〜を（手で）作る

hang 〜をつるす

wish 〜を願う

good weather 好天

following day 翌日、その次の日

upside down 逆さに

look forward to ~ 〜を楽しみにする

Comment

upside down は上の側（upside）を下に down するわけですから、「上下を逆さまに」という意味になります。観念的な事柄にも使える言葉で、turn politics upside down は「政界をひっくり返す」、turn the room upside down は「部屋の中を隅から隅まで探す」という意味を表します。

062 なぜ日本人は折り紙が好きなの？

Why do Japanese people like *origami*?

→ 幼稚園のときには、みんなで折り紙をして遊ぶんだよ。

In kindergarten, everyone practices folding paper for fun.

→ 折り紙ができない日本人はいないと思うよ。

I think there is no Japanese person who cannot do *origami*.

→ 折り紙で動物だけじゃなく、ゴミ箱も作れるよ。

We can make not only animals by *origami* but even a trash can.

→ 折り紙は今や世界でとても人気があって、たくさんの競技会が開催されているんだって。

***Origami* is now so popular throughout the world that many *origami* competitions are held.**

● Vocabulary

kindergarten 幼稚園
folding paper 折り紙（**fold** ～を折り重ねる）
for fun 遊びで
trash can ゴミ箱
competition 競技会

Comment

「折り紙」はfolding paperとも言いますが、いまやorigamiもよく使われています。「紙を半分に折って」はFold the paper in half.で、「折り目をつけて開いて」はCrease and open.、「ひっくり返して」はTurn over.と言います。

063 千羽鶴って何？

What is *senbazuru*?

→ 折り紙の鶴が千羽つながれたものだよ。

It is a string of one thousand *origami* cranes.

→ それは、誰かの成功や健康に対する願いを込めてたくさんの人が作るんだ。

It is made by many people to wish for someone's success or good health.

→ 千の鶴を作り終えた人は望みが叶うと信じられているよ。

It is believed that those who finish making a string of one thousand cranes will be granted a wish.

→ 頭の赤い丹頂鶴は日本の象徴的な鳥だよ。

The red-crowned crane is an iconic bird in Japan.

● Vocabulary

string　つながれた一連のもの
crane　鶴
grant a wish　望みを叶える（**grant**　～を許可する、許諾する）
red-crowned crane　丹頂鶴（頭の赤い鶴）
iconic　象徴的な

Comment

日本語でアイコンと言えばコンピュータ上の絵柄や記号のようなものを想像しそうですが、英語でのiconは他の意味も持ちます。例文のように「象徴」や「シンボル」を表す場合です。他にもfashion iconと言えば「ファッション界のリーダー」、an icon for childrenは「子どもたちのアイドル」などの意味になります。

064 こいのぼりって何？

What is *koinobori*?

→ 5月5日の子どもの日のために掲げる、鯉の形をした吹き流しだよ。

They are carp-shaped streamers that are put up for Children's day, May 5th.

→ 子供の出世と健康を願って、こいのぼりを飾るんだ。

We fly the carp streamers to show hope for our children's success and good health.

→ 子どもたちの健康を守る幸運の象徴と考えられているよ。

It's considered a symbol of luck for the health of children.

→ 5月には川岸や校庭でたくさんの鯉のぼりが掲げられているんだ。

Lots of them are put up beside rivers and in schoolyards in May.

● Vocabulary

carp-shaped 鯉の形の
streamer 流れるもの、吹き流し
put up 〜を掲げる
fly 〜を掲げる、飛ばす
symbol 象徴
schoolyard 校庭

Comment

streamは「小川」とか「流れ」という意味ですが、streamerは流れに流されていく「飛行機雲」や「吹き流し」という意味になります。鯉のぼりが何かという問いに対して最もわかりやすく解説できる言葉でしょう。
〜-shapedは「〜の形をした」という意味です。

88

065 カプセルホテルって何？

What is a capsule hotel?

→ カプセル型のベッドで寝ることができるホテルだよ。

It is a kind of hotel where you can sleep in a bed in the shape of a capsule.

→ 部屋は1人しか横になれないくらい狭いよ。

It's so small that just one person can lie inside the room.

→「カプセル」と呼ばれる理由は、個々の部屋が極端に小さいからなんだ。

The reason it's called "capsule" is that each room is extremely small.

→ ここのいいところは、料金は安いし大浴場もあることだよ。

The upside is the cheap rate and its big public bath.

● Vocabulary

capsule　カプセル

extremely　極端に

upside　良い面

rate　料金

Chapter 4

日本のコレ、英語で説明できますか？

Comment

ホテルなどの受付のことを日本語で「フロント」と言うことがありますが、英語ではfrontと言うと「ホテルの前」という意味になってしまいます。「受付」と言うならreceptionです。

カプセルホテルの代わりに、欧米にはB&Bという宿泊施設があります。Bed and Breakfastの略で、文字通り宿泊ベッドと朝食が提供され、ホテルに比べてずっと安価です。

066 おみくじって何？

What are *omikuji*?

→ おみくじは神社やお寺で売られている、占いが書かれた細長い紙切れだよ。

***Omikuji* are fortune-telling paper strips that are sold at shrines and temples.**

→ 一般的には健康、仕事、結婚についての助言が書かれているよ。

They offer advice for your health, business and marriage in general.

→ 悪いくじを引いたときのために、お寺や神社は悪い占いを結びつけるための場所を用意しているよ。

When the prediction is bad, temples and shrines provide a specific spot to tie the paper with the bad fortune.

→ もしもいいくじを引いたときは、それを大事に持っておくといいよ。

If you get a good fortune, you should keep it with care.

● Vocabulary

fortune-telling 占いの
paper strip 細長い紙
in general 一般的に
prediction 予言
specific 特定の
tie 〜を結びつける

Comment

アメリカの中華街のレストランでは、食後に fortune cookie というクッキーが出されることが一般的です。固くて少しだけ甘いおせんべいのようなお菓子ですが、その中には fortune telling「占い」が書かれたおみくじが入っています。中国の諺や詩の一節の場合もあります。

067 書道って何？
What is *shodo*?

Answers

→ 日本の伝統的なカリグラフィーの芸術だよ。

　It's the traditional Japanese art of calligraphy.

→ ほとんどの日本人が、書道を学校で習うんだ。

　Most Japanese people have studied *shodo* at school.

→ 書道では字を美しく書く方法を学ぶよ。

　***Shodo* is our way of learning to write letters beautifully.**

→ 昔は文字を書くための手段だったんだけど、今ではアートとしても楽しまれているよ。

　It was a way of writing letters in the past, but now it is enjoyed as an art as well.

● Vocabulary

　calligraphy　カリグラフィー、美しい手書き文字
　letter　字、文字
　as well　〜もまた

Comment

「書道」は一言で言うなら Japanese calligraphy です。calligraphy はギリシア語の「美しく書くこと」がもとになっており、「美しい文字の書き方」という意味です。「筆」は brush、「墨汁」は liquid ink、「墨」は ink stick、「硯」は ink stone です。「私は書道三段です」は I'm at Grade 3 of Japanese calligraphy. と言います。

068 どうやったら正座で座れるの？　座るのが難しいし、痛いよ。

How do you sit in *seiza*? It's difficult to sit, and painful.

→ 体育の授業、特に武道の授業で正座で座ることがあるから、慣れているんだ。

We're used to doing that because we sit that way in physical education class, especially in *Budo* class.

→ 座れるけど、足がしびれちゃうよね。

I can do it, but my legs go to sleep.

→ 僕も苦手だよ。長時間の正座で足がしびれると、歩くのも大変なんだよね。

I'm also not good at it. Even walking is difficult after sitting in *seiza* for a long time.

→ 相手に敬意を示すために、正式な場面ではそれが最もふさわしい座り方とされていたんだ。

It used to be the most proper way to sit in a formal situation to show respect.

● Vocabulary

painful　痛い	**go to sleep**　（手・足などが）しびれる
be used to doing ~	**used to do ~**　かつては〜していた
〜することに慣れている	**proper**　ふさわしい、礼儀正しい
physical education class	
体育の授業	

Comment

外国人は正座が苦手だという人が非常に多いです。飲食店では、畳の席とテーブル席とがある場合、外国人観光客が正座をしなくて済むテーブル席を案内してあげると、親切かもしれません。

069 こたつって何？

What are *kotatsu*?

→ 背の低いテーブルで、電気ヒーターと毛布が一緒になっているんだ。

They are low tables with an electric heater and a blanket.

→ テーブルの裏面にヒーターがあって、熱が逃げないように毛布で覆われているんだ。

There is a heater on the back of the table, and the *kotatsu* is covered by a thick blanket to cut heat loss.

→ 一度使ってみたら、冬場はこたつから離れられないよ。

If you try it once, you won't be able to leave it for the whole winter season.

→ 家族はこたつで近寄って座ることで家族の時間を過ごすことができるよ。

Family members can spend family time sitting close together in *kotatsu*.

● Vocabulary

electric heater 電気ストーブ	**family time** 家族の時間
blanket 毛布	**close** 近くに
cover ～を覆う	
heat loss 熱損失	
once ひとたび～すれば	

Comment

「家族」を構成する人たちのことを family members と言います。また、性別を問わず同じ両親または片方の親を持つ「きょうだい」を sibling と言います。「配偶者」は spouse です。「私は 4 人家族です」なら、I have a family of four. と言います。

070 初詣って何？

What is *hatsumode*?

Answers

→ 日本の風習の１つで、新年のはじめに神社や寺にお参りに行くことだよ。

It is a custom in Japan to visit a shrine or a temple in the beginning of the year.

→ 新しい年の健康や幸せを祈願するために初詣をするんだ。

We do it to pray for our health and happiness for the new year.

→ 多くの人が三が日（１年の最初の３日以内）にこれを行うんだ。

Many people do this within the first three days of the year.

→ 東京の明治神宮では、三が日に300万人以上の参拝者が来るんだよ。

Meiji Jingu Shrine in Tokyo has over three million visitors over the first three days of the new year.

● Vocabulary

custom　風習
pray for ~　〜を求めて祈る

Comment

欧米では１月１日は休日ですが、会社も学校も１月２日から始まります。「元日」はon New Year's Dayと言います。「新年に」はat the New Yearやat the beginning of the year、「お正月休み」はduring the New Year holidayです。「三が日」は英語にするならthe first three days of the yearかthe first three days of the New Yearです。おせち料理はa special New Year's mealと言います。

94

Answers

→ 節分は日本の旧暦の春の最初の日だよ。

***Setsubun* is the first day of spring according to the old Japanese calendar.**

→ 春の最初に人々は悪霊を追い出すための儀式をするんだ。

People perform rituals with the purpose of chasing evil spirits away at the start of spring.

→ 煎った豆を、鬼の面をつけた人に投げるんだ。

We throw roasted beans at someone wearing a demon mask.

→ 豆を投げながら、「福は内、鬼は外」と繰り返し言うんだよ。

While throwing beans, you chant "In with fortune! Out with evil!"

● Vocabulary

calendar　暦
ritual　儀式
chase ~ away　～を追い払う
evil spirit　悪霊
roast　～を煎る
demon　鬼
chant　～と繰り返し言う、繰り返し歌う

Comment

chant とは「歌う」とか「話す」という意味ではなく「単調なリズムやメロディの言葉を繰り返し言う（またはそれを歌う）」という意味で、ぴったり合う日本語はありません。「福は内、鬼は外」「もういいかい、まあだだよ」などは単調なリズムで同じ言葉を繰り返して言うので、典型的な chant です。

072 メイドカフェって何？

What are maid cafés?

→ ウエイトレスがメイドの衣装を着ているカフェだよ。

They are cafés where waitresses dress in maid costumes.

→ 彼女たちは、君がメイドのいる大きな屋敷の主人であるかのようにもてなしてくれるよ。

They treat you as if you were the owner of a large mansion with maids.

→ 最初のメイドカフェは2001年に東京の秋葉原でオープンしたんだ。

The first maid café was opened in Akihabara, Tokyo in 2001.

→ これらのカフェはオタク文化の盛り上がりとともに現れたんだ。

These cafés appeared with the rise of *otaku* culture.

● Vocabulary

dress in ~　〜の服を着る

costume　衣装

treat ~ as if ...　〜を…かのようにもてなす

mansion　大邸宅、屋敷

with the rise of ~　〜の盛り上がりとともに

Comment

maidは「メイド」の意味以外に、文学的な表現で「未婚の娘」の意味もあります。花嫁の付添人のことを maid of honor と言います。

073 コスプレって何？

What is *cosplay*?

→「コスチュームプレイ」を短くした日本語だよ。

It is a Japanese word that is a contraction of "costume play."

→ アニメやゲーム、マンガのキャラクターの服装をし、それらになりきることだよ。

You dress up and stay in character from a cartoon, video game or manga.

→ ハロウィーンの夜はたくさんの若者が街でコスプレをしているよ。

Many young people do *cosplay* downtown on the night of Halloween.

→ 日本の娯楽文化と深い関係があるけど、今では世界的な現象だよ。

It is deeply related to Japanese entertainment culture, but is now a global phenomenon.

● Vocabulary

contraction 短縮形
dress up 着飾る、扮装する
stay in character 役になりきる
cartoon アニメ
video game テレビゲーム
phenomenon 現象

Chapter 4

日本のコレ、
英語で説明できますか？

Comment

cosplay は日本語から生まれた言葉ですが、今や海外でも通じます。コスプレをするために日本を訪れる旅行者も数多くいます。*cosplay* をする人たちを *cosplayer* と言います。マンガのキャラクターだけでなく、「忍者」「侍」といった日本の歴史に関係する人の衣装を着ることもあります。

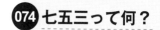

074 七五三って何？

What is *Shichi-go-san*?

→ 子どもたちの成長と健康を願って、子どもの人生の節目に行われる儀式だよ。

To wish for a child's growth and health, we perform this rite as a milestone.

→ 11月15日頃、女の子は3歳と7歳のときに、男の子は3歳と5歳のときに行われるよ。

It is held around November 15th for girls age 3 and 7, and for boys age 3 and 5.

→ その日、子どもたちは正装をして親と神社に行くんだ。

Children wear their finest formal clothes and visit a shrine with their parents on the day.

→ その後、縁起のいい「赤飯」という小豆の混ぜご飯を食べるんだよ。

After that, they eat auspicious red rice called *sekihan*, which is rice mixed with red beans.

● Vocabulary

rite 儀式、慣例

milestone （人生の）重大な時点

auspicious 縁起の良い

Comment

七五三や成人式、結婚式も含めて「人生の節目に行われる行事」を rite of passage と言います。rite は「儀式」、passage は「経過」という意味です。神社で着物を着たたくさんの子どもたちがいるのを見ると、日本人が宗教心が薄いとはとても思えません。

What is *washi*?

Answers

→ 和紙は日本固有の木の皮で作られた、日本の伝統的な紙なんだ。

Washi is traditional Japanese paper made from the bark of native Japanese trees.

→ 和紙は日本の工芸品としてユネスコ無形文化遺産に登録されているよ。

As a Japanese craft, *washi* is registered as a UNESCO Intangible Cultural Heritage.

→ 浮世絵や書道は和紙を使って書かれた（描かれた）ものなんだ。

***Ukiyoe* and *shodo* are produced using *washi*.**

→ 繊維がとても強いため、和紙は縫うことも可能で、昔はよろいに使われていたんだよ。

Since the fibers are so strong, *washi* can be sewn; it was used for armor long ago.

● Vocabulary

bark 木の皮、樹皮
native その土地の
craft 工芸
intangible 無形の、無形資産
heritage 遺産
sewn sew（～を縫う）の過去分詞形
armor よろいかぶと、甲冑

Comment

UNESCO は United Nations Educational, Scientific and Cultural Organization の頭文字を取った団体名で、「国際連合教育科学文化機関」と訳されます。ユネスコが定める無形文化遺産として、日本では歌舞伎や人形浄瑠璃文楽、雅楽、結城紬、和紙など数多くが登録されています。和食が登録されたときには話題になりました。

Chapter 4

日本のコレ、
英語で説明できますか？

076 パチンコって何？　合法なの？

What is *pachinko*? Is it legal?

→ ピンボールとスロットマシーンを合体させたゲームだよ。

It's a game combining pinball and slot machine.

→ 日本でのギャンブルは刑法で禁じられているんだ。

Gambling in Japan is banned by the criminal code.

→ お店から直接金銭を受け取るわけではないので、パチンコは法的には
ギャンブルではないよ。

***Pachinko* is not legally gambling because you don't get
a financial reward directly from the shop.**

→ パチンコで勝つと、金などの景品がもらえるんだ。

You get giveaways like gold when you win.

● Vocabulary

legal　合法の

combine A and B　AとBを合体させる、AとBを組み合わせる

ban　～を禁じる

criminal code　刑法

giveaways　景品

Comment

パチンコを不思議に思う旅行者は多いようです。大音量の音楽と騒がしい機
械の音、そして煙でいっぱいの店を見て「あれは何？」と聞かれると答え
に迷いますが、そんなときはシンプルに答えましょう。It's a slot machine
game. でもよいと思います。

Answers

→ ひざまずいて、床に額が触れるまでお辞儀をすることだよ。

To kneel and bow until your forehead touches the floor.

→ 土下座は上流社会の人々に対する敬意を表すやり方の１つとして、日本文化において歴史的に存在してきた。

***Dogeza* has existed in Japanese culture historically as a way to show respect to the upper classes.**

→ テレビ番組や、友達がふざけているとき以外に、今まで土下座する人を見たことがないよ。

I have never seen people do *dogeza* except for on TV shows or friends acting silly.

→ 最近ではほとんど見られることはないよ。

It's rarely seen these days.

● Vocabulary

kneel　ひざまずく
bow　お辞儀する
forehead　額
upper class　上流階級の人々
act silly　馬鹿なふるまいをする

Comment

英語で謝罪するときには以下のことに気をつけましょう。I'm sorry. というよりも I am sorry. と短縮形を使わない形にしたほうが、丁寧な印象があります。また apologize は sorry よりもかしこまった表現です。さらに for 〜をつけて、I apologize for the delay. のように謝罪内容をきちんと文に加えることも重要です。

078 河童って何？

What is *kappa*?

→ 日本の川に棲む伝説の動物なんだ。

They're legendary creatures that live in rivers in Japan.

→ 男の人魚に似ていると言えるかもしれない。

They can be said to be similar to mermen.

→ 誰も信じないけど、今でも河童の目撃情報がたまに報道されるよ。

No one believes in them, but sometimes *kappa* sightings are reported even now.

→ 鮨屋でカッパ巻をオーダーしたら、河童の好物のキュウリ巻が出てくるよ。

If you order a *kappa* roll in a sushi shop, you'll get a cucumber sushi roll, as *kappa* like cucumber.

● Vocabulary

legendary　伝説の
be similar to ~　～に似ている
mermen　merman（男の人魚）の複数形
sighting　目撃
report　～を報道する
cucumber　キュウリ

Comment

mermaid「マーメイド」は知っていても merman「男の人魚」は耳慣れない言葉かもしれません。maid にあたる部分が man に置き換えられて性別が替わるわけです。日本全国に河童の伝説が残っているようですが、このトピックを説明するには legendary creature という単語が不可欠でしょう。

079 オタクって何？

What is *otaku*?

→ 「マニア」と訳されることが多いよ。

It's often translated as "geek" or "nerd."

→ オタクにはアニメオタク、アイドルオタク、電車オタク、ゲームオタク といったように多くの種類があるんだ。

There are many types of *otaku*, such as anime *otaku*, idol *otaku*, train *otaku*, and game *otaku*.

→ 彼らは時間と金と精神的エネルギーを普通の人よりもずっと多く、好きなことに使うよ。

They spend much more time, money and effort than normal people do on their interests.

→ オタクの人たちは、好きなテーマに関してはすごい知識を持っているんだ。

***Otaku* are very familiar with the topic they like.**

● Vocabulary

geek マニア

nerd マニア

be familiar with ~ 〜に精通している

Comment

海外でも知られるようになった*otaku*という単語ですが、文化圏によって少しニュアンスが違うようです。一言で言うなら geekとか nerdという言葉もありますが、侮蔑的な意味を含むこともある単語ですから、使うときには注意が必要です。

Chapter 4

日本のコレ、英語で説明できますか？

080 ホストって何？

What are hosts?

Answers

→ クラブやバーで酒を注ぎ、会話をして、女性客を楽しませる男性だよ。

They are male entertainers who entertain women at clubs and bars by pouring drinks and making conversation.

→ ホストクラブは女性に男性の相手を提供するナイトクラブなんだよ。

Male host clubs are nightclubs that provide male companionships to women.

→ 彼らは話を聞き、お世辞を言い、大切に扱うことで、女性を幸せにするんだ。

They make ladies happy by listening, offering compliments, and treating them with respect.

→ 逆に、華やかなドレスをまとった女性が男性をもてなすキャバクラというお店があるよ。

On the other hand, there is *kyabakura* where ladies in gorgeous dress play host to men.

● Vocabulary

entertain 〜を楽しませる
pour 〜を注ぐ
companionship 交遊、交際
offer a compliment お世辞を言う
treat ~ with respect 〜を大切に扱う
play host to ~ 〜をもてなす、〜を接待する

Comment

英語でいう host は「客をもてなす主人」や「テレビ番組などの司会者」のことを差します。日本語の「ホスト」とは意味が全く異なります。host clubという言葉は英語にはありません。

招き猫って何？

What is *maneki neko*?

→ 日本や中国文化ではとても人気のある幸運のお守りなんだ。

It's a lucky charm that is very popular in Japanese and Chinese cultures.

→ 持ち主に幸運と富をもたらすと信じられている、小さな猫の像だよ。

It's a cat figurine that is believed to attract good luck and fortune for its owner.

→ 右手を挙げている猫はお金を手招きし、左手を挙げている猫は客を手招きしているんだ。

Some have their right paw up to beckon money. Some have their left paw up to attract customers.

→ レストランやお店や会社で陳列してあるのをよく見るんじゃないかな。

You can easily find one on display in restaurants, shops and other businesses.

● Vocabulary

lucky charm	幸運のお守り	**on display**	展示して、陳列して
figurine	小さな像		
attract	〜を引きつける		
fortune	富、財産		
paw	（猫や犬などの）手、足		
beckon	〜を招く		

Chapter 4　日本のコレ、英語で説明できますか？

Comment

招き猫が挙げているものを「手」と書くべきか「足」と書くべきか迷いましたが、英語では前後ろ関係なく、爪のある動物の足のことをpawと言います。前足はfront paw、後ろ足はhind paw、肉球のことはpaw pads（通常複数形）と言います。

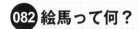

082 絵馬って何？

What is *ema*?

Answers

→ 願いを叶えてくれる木製の飾り板で、馬の形をしているか、馬の絵が描かれているんだ。

It's a wooden wishing plaque which is the shape of a horse or has a painting of a horse.

→ 昔は神社に馬が奉納されていたけど、今ではその代わりに絵馬が奉納されるようになったんだよ。

Once upon a time, horses were dedicated to shrines but instead of that, now the *ema* plaques are dedicated.

→ 神道の習慣で、日本全国の神社でそれを買うことができるよ。

It's a Shinto custom, so you can purchase them at shrines all over Japan.

→ 願いや祈りをそれに書いて、神社の敷地内につるすんだ。

We write our wishes or prayers on it and hang it in the shrine grounds.

● Vocabulary

wooden 木製の	**dedicate** ～を捧げる
wishing	**prayer** 祈り
願いを叶えてくれる【形容詞】	**hang** ～をつるす
plaque 飾り板	
once upon a time 昔々	

Comment

plaqueは「歯垢」の意味もありますが、ここでは「飾り板」のことです。絵馬に当てはまる単語がないのでplaqueを使いましたが、a small wooden board「小さな木製の板」でも構いません。wishやprayerを書き込むことが大きな特徴ですから、ぜひそれも伝えてください。

083 なぜ力士はみな太ってるの？

Why are all sumo wrestlers so fat?

Answers

→ 彼らは身体を大きくしたいんだ。太っていることとは違うよ。

To be big is what they want; it's different from being fat.

→ ただ太っているように見えるけど、中に筋肉がずっしりと詰まっているんだよ。

They may look like just fat, but they have a lot of muscles inside their body.

→ 重ければ重いほど強い、それが相撲なんだ。

The heavier they are, the stronger they are. That's what sumo is about.

→ 力士は相手を土俵の外に押し出すために、体が大きくないといけないんだ。

They have to be big to exert themselves to get the opponent moving and push him out of the ring.

● Vocabulary

sumo wrestler 力士

That's what ~ is about. それが～というものなんだ

exert oneself to do ~ ～するために奮闘する

get ~ moving ～を動かす

opponent 敵、相手

ring 土俵

Comment

相撲用語をいくつか覚えておくと、説明するときに便利です。「番付表」は a ranking sheet、「場所」は tournament、「土俵」は ring で十分伝わります。「対戦相手」という意味で日本語では「敵」と言うことがありますが、enemy は friend の反対語で「戦争などで危害を与える相手」の意味になってしまいます。スポーツなどでは opponent を使います。

084 忘年会って何？

What is *bonenkai*?

Answers

→ 言葉の意味は「その年を忘れようパーティー」だ。

It **literally** means "**forget-the-year party**."

→ 友人や同僚同士で12月に開く、その年を労い合うパーティーなんだ。

It's a party held in December among friends or colleagues to **thank** others for the year.

→ 仕事の一環のようなもので、ビジネスパーソンは取引先と忘年会をすることが多いよ。

It's a part of work. Businesspeople hold the party with their **clients**.

→ 地元で友人と集まるきっかけの１つにもなるよ。

It's also a **good excuse** to **meet up with** old friends in our hometown.

● Vocabulary

literally 文字通り
forget-the-year party 忘年会
thank ～に感謝する
client 取引先
good excuse きっかけ、口実
meet up with ~ ～と会う、集まる

Comment

businessman という「man」をつけた言い方よりも、性別を限定しない businessperson/businesspeopleのほうが最近では一般的です。cameraman, policeman という言い方も現在ではほとんど聞きません。photographer, police officerと言います。テレビ番組の司会者として使われるhost(→p.104) も、以前は男性だけを指す言葉でしたが、今では女性司会者にも使われます。

天狗って何?

What are *tengu*?

Answers

→ 天狗は人の姿をした想像上の生き物だよ。

Tengu is an imaginary creature looking like a human.

→ 日本の昔話では、彼らは赤い肌で白い髪、長い鼻をしているんだ。

In Japanese folk stories, they have red skin, white hair, and a long nose.

→ 天狗は神や想像上の妖怪として認識されているよ。

Tengu are considered one of the Shinto gods or imaginary monsters.

→ うぬぼれた人たちを、「天狗」と呼ぶこともあるよ。

We sometimes use *tengu* to refer to people who have a high opinion of themselves.

● Vocabulary

imaginary　想像上の

folk story　民話（**folk** 民俗の）

monster　怪物

have a high opinion of oneself　うぬぼれが強い、うぬぼれている

Comment

天狗は「妖怪」「魔物」「神」などさまざまな説があるようですが、ここでは「妖怪」として解説しました。supernatural being「神秘的な生き物」と言うときのbeingは、「生き物」の意味で使われます。河童のトピックで出てきたcreatureと同じ意味です。

働きすぎの国、日本

　外国のメディアでも、日本人が働きすぎであることはたびたび報じられています。文化の異なる国の人からしてみると、日本人がどうしてそこまで仕事に身を捧げるのか理解できない、ということもあるようです。

　ボランティアガイドとして、街中で外国人観光客の方のお手伝いをしていたとき、フィリピンの方と、お互いの国の文化の違いについて話す機会がありました。日本では誕生日を迎えた人がごちそうしてもらいますが、フィリピンでは逆に、誕生日の人が周りにごちそうするしきたりがあるそうです。

　その方は「日本とフィリピンとでの真逆の価値観」ということに関連して、もう1つ「幸せ」に関する印象的な話をしてくれました。「日本の方はあなたたちのように他人を助けようとする親切な人が多いですね。だから仕事にも熱心で、その対価としてお金をもらうことに幸せを感じているのでしょう。でも、フィリピンでは考え方が違います。たくさんお金を稼ぐことが幸せなのではなく、家族や身近な友人、そして自分自身のために時間を使うことに幸せを感じているの。他人のために活動するのは素晴らしいことだと思うけど、時には家族や自分のためにも時間を使って、私たちのように幸せを感じてみてはどうかしら？」と。

　確かに私たち日本人は、プライベートを疎かにしてしまっているように思います。国や文化、また経済状況によって価値観は違いますが、それでも私たち日本人は仕事やお金のためではなく、家族や自分たちのためにもう少し時間を使ってみるように心がけるのも、大事なことなのかもしれません。

Chapter 5

日本で働く
外国人から聞かれる
ビジネス関連の質問

ハリウッド映画で描かれる日本人ビジネスパーソンといえばステレオタイプのように、背が低く、スーツを着て常に複数で行動していて、英語の発音が変で、七三分けみたいな髪形で登場することが多いですよね。残念ながら、海外の方の日本人のイメージもわりとそれに近いです。日本人は手を合わせておじきすると思っている人も多いですし。外国人にビジネスでお会いする際はむしろ、この日本に対するステレオタイプを崩すのも、僕にとっては醍醐味の1つです。

ここでは、ビジネスに関して外国人から受けた質問と、その回答例をご紹介します。

086 日本人はなぜラッシュアワーの電車に乗って通勤するの？

Why do Japanese people commute by train during rush hour?

→ その時間に通勤や通学をする人が多いんだ。

There are many people who commute to offices and go to schools around that time.

→ ラッシュアワーの通勤を避けるために、フレックス制を導入している会社もあるよ。

Some companies have a flexible starting time to avoid commuting during rush hour.

→ 特に大都市ではそれは避けられないんだ。

It can't be helped, especially in a big city.

→ 好きでやっているわけじゃないよ。

We're not doing it because we enjoy it.

● Vocabulary

commute 通勤する

rush hour ラッシュアワー、混雑時間（→ p.21）

flexible starting time フレックス制（**flexible** 融通のきく、柔軟な）

It can't be helped. 仕方がない、どうしようもない

Comment

最後の We're not doing it because we enjoy it. は、言い方によってはけんか腰に聞こえるので言い方には注意が必要ですが、実際にはよく使われる表現です。日本語に直訳すると「それを楽しんでいない」となり、ちょっとピンと来ないかもしれませんが、「仕方なくやっているんだよ」と言いたいときには便利な表現です。

087 日本人はなぜ長時間働くの？

Why do many Japanese people work long hours?

Answers

→ それは日本で最も大きな社会問題の１つになっているよ。

It's one of the biggest social issues in Japan.

→ 基本的に仕事量が多すぎるからだよ。

Essentially, we work too much.

→ 上司から頼まれる仕事が多すぎるんだ。

Our superiors give us too many tasks.

→ 仕事量が評価されている場合もあるかもしれない。

The quantity of work might be evaluated in some cases.

● Vocabulary

work long hours	長時間働く
essentially	本質的に
superior	上司
quantity	量
evaluate	～を評価する

Comment

文全体を修飾する副詞をいくつか覚えておくと便利です。上で紹介した「基本的に」という意味のessentially をはじめ、generally「一般的に」、especially「特に」、absolutely「絶対的に」、basically「根本的に」などがあります。

088 日本人がお客を見送るとき、客が見えなくなるまで頭を下げ続けるのはなぜ？

Why do Japanese people bow to their customers when sending them off until the customers are no longer visible?

Answers

→ 私たちの習慣からすると、長い時間見送るということは敬意を表しているんだ。

According to our customs, sending someone off for a long time is a sign of respect.

→ そうされると親切にもてなされている感じがするでしょう？

That makes us feel hospitable, doesn't it?

→ 別れを残念に思っている気持ちを表現しているんだよ。

It's a way to express the feelings of regret at the parting.

→ 見送らずにすぐに立ち去ったら、客は見下されているように感じるかもしれないね。

If you leave right away without seeing them out, they may feel like you're looking down on them.

● Vocabulary

send ~ off ～を見送る	**parting** 別れ
visible 目に見える	**right away** すぐに
hospitable もてなしの良い	**see ~ out** ～を見送る
regret 残念に思う気持ち	**look down on ~** ～を見下す

Comment

look down on は「見下す」という意味で、語句の構成が英語、日本語ともそっくりですね。反対語の「尊敬する」と言うには look up to という表現を使います。look up にすると、「上を見る」とか「物事が好転する」「調べる」といった違う意味になってしまいます。

089 なぜ日本のサラリーマンたちは仕事の後も一緒に
つるんでいるの？

Why do Japanese businesspeople hang out together after work?

Answers

→ それがチームビルディングの1つなんだ。

It is one of their teambuilding activities.

→ グループの結束が何よりも重要だからだよ。

Group solidarity is paramount.

→ 特にビジネスにおいて、日本は集団を重要視する文化を持っている。

Japan is a group-oriented culture, especially in business.

→ 上司に夕食に誘われると断りにくいんだ。

It's difficult for me to decline when my supervisor invites me for dinner.

● Vocabulary

hang out
　ブラブラ時を過ごす、たむろする
activity 行動、活動
solidarity 団結、結束
paramount 最も重要な

~ -oriented
　～を重要視する、～志向の
decline 断る

Comment

ご存じの人も多いと思いますが、「サラリーマン」は和製英語です。正しい発音で salaryman と言っても、日本で暮らしていない限り英語圏の人には伝わりません。businesspeople, company employee, office worker などがそれに対応する言葉です。ただし、一般的にアメリカ人に職業を聞くと、会社員だったとしても「プログラマー」「広報」「ファンドマネージャー」などともう少し具体的に答える場合が多いようです。

090 なぜ日本人は取引先や顧客とゴルフをするの？

Why do Japanese people play golf with clients or customers?

Answers

→ 接待をするためによくゴルフが使われるんだ。

They often play golf to entertain their clients or customers.

→ 日本ではゴルフはビジネスに欠かせない。

Golf is an essential part of doing business in Japan.

→ 管理職の人たちはゴルフコースで知り合いになることがよくあるんだって。

I heard business executives often introduce themselves on a golf course.

→ ゴルフは人と知り合いになるためのよくある方法の1つだよ。

It's one popular way to get acquainted with new people.

● Vocabulary

client 取引先	**introduce oneself** 自己紹介する
customer 顧客	**get acquainted with ~**
entertain ～を楽しませる	～と親しくなる、と知り合いになる
executive 会社の管理職	

Comment

ゴルフはアメリカやイギリスでも盛んですが、ビジネス相手とゴルフをする習慣がない国もあるようです。「接待ゴルフ」を英語で言おうとすると、「何と言えばいいんだろう」と悩む人も多いでしょう。そういう英語はありませんから、client「取引先」やcustomer「顧客」をentertain「喜ばせる」ためにするgolfと言えばよいでしょう。表現は説明的になりますが、そのほうが、それに伴う日本文化をより理解してもらえるはずです。

091 1年に取れる休暇はどのくらい？

How much vacation time do Japanese people have in a year?

Answers

→ 土曜日、日曜日、祝日合わせて、120日近くの休日があるよ。

There are 120 days of vacation including Saturdays, Sundays and public holidays.

→ 多くの人が1年で10日弱しか有給休暇を取らないんだ。

Many people take less than ten days of paid holiday in a year.

→ 連休としては、正月休み、夏休み、ゴールデンウィークが一般的だけど、どれも5日ぐらいだよ。

As for consecutive days off, we have the New Year holiday, summer vacation and Golden Week. But those are all around five days each.

→ 学生はおよそ4週間の夏休みを過ごすんだ。

Students enjoy summer vacation for approximately four weeks.

● Vocabulary

public holiday 祝日、祭日	**consecutive** 連続した
less than ~ ～より少ない	**day off** 休日
paid holiday 有給休暇	**approximately** およそ

Comment

アメリカ英語では、vacation は「学校や仕事の休暇、およびその期間」「夏休みなどの長期休暇」「旅行などの休日の予定」などを指す、意味の広い単語です。また休暇の間に行く「旅行」そのものを指すこともあります。例えば友人がハワイに行ったことを知っていれば、How was your vacation?「旅行はどうだった？」と聞きます。一方、holiday は「祝日」という意味で使われることが一般的です。

何時から何時まで仕事してるの？

From what time to what time do people work in Japan?

→ 職業によって違うかな。

It varies a lot according to the occupation.

→ オフィスワーカーたちは9時に仕事を始めて、6時頃に終える人が多いよ。

Many office workers start working at 9 am and finish around 6 pm.

→ 残業で8時や10時、あるいはもっと遅くまで仕事している人もいるよ。

Some people work until 8, 10 pm or even later.

→ 近年、過労死が社会問題になっているんだ。

***Karoshi*, death from overwork, has become a social issue in recent years.**

● Vocabulary

vary 変わる

according to ~ ～によって、～次第で

occupation 職業、仕事

even later もっと遅く

death from overwork 過労死

Comment

質問を受けても「それは時と場合による」と答えに詰まることもあるかもしれません。そんなときに便利なのが vary という単語。それに according to ～をつけ加えれば、vary according to ～で「～に応じて変わる」となります。depend on ～も同様に「～によって異なる」という意味です。It depends. とだけ言うと「場合による」という意味になります。

Chapter 6

日本の情勢や
一般常識に関する疑問

日本の歴史や文化を知らない若者が多い、とおっしゃる方もいます。それはそうだとは思いますが、正直、アメリカなどに比べて日本の歴史は圧倒的に長いです。なかなか全部覚えていられません。とはいえ、歴史や文化など、自分の国のどこか1つでも興味は持ってほしいし、それを海外に伝えられる日本人でいたいものです。
ここでは、日本の情勢や一般常識について外国の方から受けた質問と、その回答例をご紹介します。

093 日本で一番人気のあるスポーツは何？

What is the most popular sport in Japan?

Answers

→ ここ数年はサッカー人気が日本中で盛り上がってきたよ。

Soccer fever has swept through Japan recently.

→ テニスが最近人気になっているらしいよ。

I heard tennis has become popular lately.

→ 相撲が一番だって言う人もいるかも。

Some might say sumo is.

→ 多くの人が、毎年夏、高校野球の大会の観戦に熱中するんだ。

Many people love to watch the National High School Baseball Championship every summer.

● Vocabulary

popular　人気のある

soccer fever　サッカー人気

swept　sweep（大流行する）の過去分詞形

lately　最近

championship　選手権大会

Comment

スポーツは、あまり親しくない間柄でも話題にできる気軽なトピックの1つ
でしょう。オリンピックのときに話題になりそうなスポーツの名前を覚え
ておくのもいいかもしれません。短距離走は short distant sprint、競歩は
race walking、砲丸投げは shot put、ボート競技は rowing と言います。

094 先進国の中で、日本は自殺する人の割合が多いのはなぜ？

Among developed countries, Japan has a very high suicide rate. Why?

→ 一言では答えられないな。多くの要素があると思う。

It can't be explained in one word. I think there are many factors.

→ 鬱病や失業がその主な原因だと言われているよ。

It is said that depression and unemployment are the main reasons.

→ プレッシャーに押しつぶされる人たちが、自殺を選ぶのかもしれない。

People who crack under pressure might choose suicide.

→ 健康問題やいじめが自殺の主な原因なんだよ。

Health issues and bullying are a main cause.

● Vocabulary

developed country	先進国	**crack**	くじける、参る
suicide	自殺	**bullying**	いじめ
factor	要因、要素		
depression	憂鬱、鬱病		
unemployment	失業		

Comment

社会問題を話題にするときには、日常会話とは少しカテゴリーの異なる単語が使われることが多いようです。developing country「発展途上国」、economic boom「好景気」、business depression「不況」、trade sanction「貿易制裁」、surrounding country「周辺諸国」など。言葉としては決して難しくはないので、ちょっと覚えておくと話題も広がって便利です。

095 なぜ日本の若者は選挙に興味がないの？

Why aren't Japanese young people interested in elections?

Answers

→ 政治よりも、稼ぐことのほうが優先順位が高いからだよ。

Earning income is prioritized over politics.

→ 投票所に行かない人も多くいるのは本当だけど。

It's true that there are many people who don't go to the polls.

→ 政治に興味を持っている若者も大勢いるよ。

Many young people are interested in politics.

→ 私はこの国の未来のためにみんなが投票すべきだと思ってるよ。

I think everyone should vote for Japan's future.

● Vocabulary

election 選挙
earn ～を稼ぐ
income 収入
prioritize A over B BよりAを優先させる
polls 投票所（**poll** 投票）
vote 投票する

Comment

politics も poll も単数か複数かで意味が変わる不思議な言葉です。単数のpoliticならば「支配関係」とか「力関係」という意味ですが、複数のpoliticsになると「政治」という意味で使われることが多いです。pollは「投票」とか「世論調査」ですが、投票所と言いたいときには polls と複数形で使います。

096 高校野球のほうがプロ野球よりも人気があるって本当？

Is it true that high school baseball is more popular than professional baseball in Japan?

Answers

→ どちらがより人気があるかはわからないけど、高校野球のトーナメントはとても人気があるよ。

I can't say which is more popular, but the tournaments for high school baseball are very popular.

→「夏の甲子園」として知られている、毎年全国規模で行われる高校の野球トーナメントだよ。

It is known as "Summer *Koshien*," an annual nationwide high school baseball tournament.

→ そのトーナメントで47都道府県のチャンピオンが決まるんだ。

The champion among 47 prefectures is determined in that tournament.

→ 2023年の約2週間のトーナメントの合計入場者数は59万人以上だったよ。

The attendance for about two weeks of the tournament was more than 590,000 spectators in 2023.

● Vocabulary

tournament	トーナメント	**nationwide**	全国規模の
be known as ~	～として知られている	**prefecture**	県
annual	毎年の、年1回の	**spectator**	観客

Comment

日本の高校野球やプロ野球のように、グループで吹奏楽や歌や振り付けを駆使して組織的に応援している様子は、海外ではなかなか見られません。「高校野球」「甲子園大会」は high school baseball tournament と表現します。

097 LGBTQの権利は日本ではどうなってるの？

How are LGBTQ rights in Japan?

Answers

→ 私の知る限り、何人かの有名なテレビタレントがLGBTQだということ
もあって、差別はそこまで激しくない。

As far as I know, discrimination is not too bad since there are several famous LGBTQ TV stars.

→ 雇用や居住の点でLGBTQを差別から保護する制度が求められているんだ。

People say we should have LGBTQ protection from discrimination in employment and housing.

→ 2015年に、同性パートナーを認める日本初の条例が東京渋谷区で成立
したんだ。

The first ordinance in Japan recognizing same-sex partnerships came into effect in Shibuya City of Tokyo in 2015.

→ 聖書とは違って、神道や仏教では同性愛を禁じる教えはないよ。

Unlike the Bible, there is no teaching to forbid homosexuality in Shintoism and Buddhism.

● Vocabulary

discrimination	差別	**same-sex**	同性の
protection	（国などによる）保護	**come into effect**	
employment	雇用		発効する、実施される
housing	住宅供給	**unlike**	〜とは違って
ordinance	条例	**forbid**	〜を禁じる
recognize	〜を認める		

Comment

protection や discrimination など硬い言葉が並びましたが、この種のトピックを説明するときには必須ですからぜひ覚えてください。なお LGBTQ は、Lesbian、Gay、Bisexual、Transgender、Queer [Questioning] の頭文字です。

098 なぜ日本人は長生きなの？

Why do people live longer in Japan?

→ すべての国民が医療を安く受けることができるからかな。

Because all of us have access to affordable medical care.

→ 日本の国民のほとんどが保険制度に加入しているんだ。

Almost all Japanese have health insurance.

→ 伝統的な日本食は健康に良いと言われているよ。

The traditional Japanese diet is said to be good for health.

→ 定期的な健康診断が日本では当たり前なんだ。

Regular checkups are routine in Japan.

● Vocabulary

have access to ~ 　〜を利用できる
affordable 　手頃な値段の
medical care 　医療
health insurance 　健康保険
diet 　日常の食事、食べ物
regular 　定期的な
checkup 　健康診断
routine 　当たり前の、ありふれた

Comment

日本は平均寿命が世界第1位（2023年）という長寿の国のため、このような質問も受けます。平均年齢が10代や20代の国もある東南アジアやアフリカから来た観光客の中には、日本の中年・高齢者の多さに違和感を抱く人も多いそうです。checkupは「検査」「点検」という意味を持ち、medicalをつけなくても「健康診断」を表します。

なぜ日本は毎年ますます暑くなるの？

Why is Japan getting hotter and hotter every year?

Answers

→ 日本だけでなく、地球全体が確実に暑くなってきているね。

Not only Japan but the whole earth is heating up steadily.

→ ただでさえこの国は暑くて湿度が高いのにね。

It's already hot enough and too humid.

→ 主要な理由は地球温暖化だ。

The primary reason is global warming.

→ 温室効果と大気汚染が理由だ。

It's due to the greenhouse effect and air pollution.

● Vocabulary

heat up　熱くなる

steadily　確実に、着実に

humid　湿気の多い

global warming　地球温暖化

due to ~　～が原因で

greenhouse effect　温室効果

air pollution　大気汚染

Comment

環境問題に関しては、その話題に関してよく使われる単語を知っておくことが理解の助けになるはずです。acid rain「酸性雨」、emission「排気ガス」、harmful substance「有害物質」、radioactivity「放射能」、environment「環境」、environmentally-friendly「環境に優しい」など、いまや日常会話でも出てくる単語です。

100 日本人の結婚平均年齢はいくつなの？

What age do people usually get married in Japan?

Answers

→ 日本人の初婚の平均年齢は、2020年の調査では約30歳だったんだって。

The average age of a person getting married for the first time in Japan was about 30 years old in a survey from 2020.

→ 平均年齢は年々上がってきているんだ。

The average age is getting higher year by year.

→ 結婚は無意味だと思っている人もいるよ。

Some people think marriage is pointless.

→ 日本人の未婚率は急速に上がってきているよ。

The ratio of unmarried people in Japan has been steadily increasing.

● Vocabulary

get married　結婚する
average age　平均年齢
year by year　年々
pointless　無意味な
the ratio of unmarried people　未婚率（**ratio**　比率）

Comment

「識字率」の項目（→p.43）ではrateという言葉を使いましたが、ここではratioを使いました。意味は同じです。「結婚率」「未婚率」など、統計を話題にする際には不可欠な単語です。[réiʃou]という読み方を間違えやすいので、注意が必要です。

Chapter 6

日本の情勢や一般常識に関する疑問

127

101 日本は徴兵制なの？

Is conscription legislated in Japan?

Answers

→ 徴兵制は、第二次世界大戦のときは制定されていたけど、今はないよ。

Military conscription was established during the Second World War, but we don't have it now.

→ 日本は紛争を解決するための手段として、武力を使う権利を放棄したんだ。

Japan renounced its right to use force as a means of resolving disputes.

→ それは憲法9条に書かれているんだ。

It's in Article 9 of the Japanese Constitution.

→ 徴兵制はないけど、自衛隊の人たちが国を守ってくれているよ。

There is no conscription legislated, but people in the Self-Defense Forces protect the country.

● Vocabulary

conscription	徴兵	**article**	条項
legislate	〜を法制化する	**Constitution**	憲法
establish	〜を制定する	**Self-Defense Forces**	自衛隊
renounce	〜を放棄する		
right	権利		
means	手段		
resolve	〜を解決する		
dispute	紛争		

Comment

世界で徴兵制が存続している国はまだ数多くあります。アジアでは韓国、北朝鮮、ベトナム、タイ、シンガポールなど。ヨーロッパでもノルウェー、フィンランド、デンマーク、オーストリア、スイスなどは徴兵制を持っています。このトピックを話題にする際には、自国の現状をしっかり認識していることが重要でしょう。

102 日本の大学に入るのは難しいけど卒業するのは簡単って本当？

Is it true that getting into a Japanese college is hard but graduating is easy?

Answers

→ そうだけど、入学試験が難しすぎるんだよ。

That's true, but entrance exams are overly difficult.

→ 高校3年生は丸1年を大学の入学試験の勉強に費やすんだ。

Third-year high school students spend their whole year preparing for their entrance exams.

→ 専攻しだいだと思う。だけど、たいていはその通りだよ。

I think it depends on your major. But mostly it's true.

→ 日本では就職活動が3年次に始まるから、大学も大目に見ているのかもしれない。

Job hunting in our country starts from the third year of college, so schools might give students a break.

● Vocabulary

entrance exam	入学試験	**job hunting**	就職活動
overly	あまりにも	**give ~ a break**	～を大目に見る
major	専攻科目		
mostly	たいてい		

Chapter 6

一般常識に関する疑問
日本の情勢や

Comment

アメリカの教育制度は地域によってさまざまですが、中学校 (middle school) では2年間、高校 (high school) が4年間という制度が一般的です。学年を話題にするとき誤解を生みやすいので知っておきましょう。1年生はfreshman、2年生はsophomore、3年生をjunior、4年生をseniorと呼びます。3年制の高校がないわけではなく、その場合は1年生をsophomoreと呼び、後は順にjunior, seniorと続きます。

103 なぜ日本では火葬が一般的なの？

Why is cremation so common in Japan?

→ 20世紀初期まで、死者のほとんどは土葬だったんだ。

Up until the early 20th century, most of our **deceased** were buried.

→ 土葬を禁じている地方自治体もあるから。

This is because some local governments prohibit burials.

→ 土葬を許可する墓地を探すことが難しいと言われているよ。

It is said to be difficult to find **cemeteries** where **burial** is allowed.

→ 疫病が発生しないよう、衛生面を考慮しているんだ。

It is considered a method of **sanitation** so **epidemics** don't happen.

● Vocabulary

cremation　火葬
up until ~　〜まで
deceased　死者
cemetery　墓地
burial　埋葬
sanitation　公衆衛生
epidemic　疫病、伝染病

Comment

日本で火葬が主流であることの理由は諸説ありますが、仏教の開祖と言われる釈迦が火葬されたことが影響しているようです。一方、欧米では現在でも土葬が一般的です。その理由はキリスト教やイスラム教の考え方がもとになっています。しかし、2000年以降あたりから欧米でも火葬が増え始めているとのことです。

104 忍者はどこで見ることができるの？

Where can I see a ninja?

→ 残念だけど、忍者として生きている人はもういないんだよ。

Unfortunately, no one is making a living as ninja in present times.

→ 忍者村という観光スポットに行けば、忍者を見られるよ。

When you go to ninja village, which is a tourist spot, you can see them.

→ 忍者は、潜入、破壊工作、暗殺などを仕事としているんだ。

They specialize in infiltration, sabotage, and assassination.

→ いま存在する仕事だと、忍者は探偵の仕事もしていたと言われているよ。

When it comes to existing jobs, it is said that ninja did detective work as well.

● Vocabulary

make a living 生計を立てる

specialize in ~
　～に従事する、専門にする

infiltration 潜入

sabotage 破壊工作

assassination 暗殺

When it comes to ~
　～のこととなると

existing 現存の

detective 探偵

Chapter 6

日本の情勢や一般常識に関する疑問

Comment

日本では忍者に会えるものと楽しみにしている外国人旅行者も多くいます。三重や滋賀にある忍者村や、日光江戸村を紹介してあげるとよいでしょう。infiltration「潜入」、sabotage「破壊工作」、assassination「暗殺」などは、スパイ映画によく出てくる単語です。使う機会は少ないかもしれませんが、覚えておくと映画を観るときに、より楽しめます。

105 なぜ女性は結婚すると名字を変えるの？

Why do women change their family name when they get married?

Answers

→ 男性が名字を変えることもできるよ。

Men can take their wife's family name too.

→ けれど、実際には95％の夫婦が夫の名字を使っているんだ。

But actually, 95% of married couples use the husband's family name.

→ その慣習も変わりつつあるよ。

The custom has been changing nowadays.

→ 夫婦が別姓だと、子どもの名字はどうなるんだろうね？

If a husband and wife have separate family names, what will their child's family name be?

● Vocabulary

family name　名字

married couple　夫婦

nowadays　最近は、今日では

have separate family names　夫婦別姓である

Comment

ladies and gentlemenのように、英語ではたいていの表現が男性よりも女性を前に持ってくるのが一般的ですが、「夫婦」と言うときはhusband and wife / man and wifeという言い方をします。また男女を限定しない「配偶者」という意味ではspouseという単語が使われます。「配偶者控除」はspouse tax deductionと言います。

106 お年寄りの方がコンビニで働いているのを見たよ。
日本では一般的なの？

I saw some older people working in a convenience store. Is that common in Japan?

→ 4人に1人以上の人が65歳以上だからね。

More than 1 out of 4 of us is over 65 years old.

→ 健康なお年寄りに年齢は関係ないよ。

For healthy elderly people, age doesn't matter.

→ 定年後に働くのは珍しいことじゃないよ。

It's not uncommon to work after retirement here.

→ どれだけ年を取っても、日本人は勤勉だね。

No matter how old we get, we will always be hardworking.

● Vocabulary

matter　重要である、重大な関係がある
uncommon　珍しい
retirement　引退
No matter how ~　どんなに～でも

Comment

「お年寄り」を表現するのにいくつか表現があります。old peopleだとあまりにも直接的に「年寄り」というニュアンスがあるので、避ける傾向にあります。それに代わるのがelderly people / older people です（→p.175）。どちらも「より年上の人」という意味合いを含むので、この言い方が好まれます。またsenior citizenという言い方をする人もいます。

ハイコンテクストじゃ伝わらない日本人の外国語

　「英語で外国人とコミュニケーションが取りたい」。読者のみなさんはそう思っているのではないでしょうか。もちろん外国語を学ぶにあたって語学力は大事ですが、それだけでは外国人と適切なコミュニケーションは取れないと感じます。

　ボランティアガイドのＡ君は、小学生、中学生の多感な時期を海外で過ごした人です。頭だけでなく体で語学を学んだため、外国語を話すときは自然と脳がその国の言語にスイッチされるそうです。Ａ君を含む日本人数名と外国人の友人とでテーブルを囲んでいたとき、日本人の友人があるエピソードについて英語で話していました。それをＡ君は理解することができましたが、外国の友人たちには通じませんでした。Ａ君がその話の趣旨を周りに伝えたところ、外国人たちはみな「なんでそんな遠回しな表現をするんだ」と言ったのです。

　ここで言いたいのは、言葉にはその国独特の文化による表現が含まれているということです。彼の英語は、行間を読んでニュアンスを理解することが必要な「ハイコンテクスト」な表現でした。日本人は遠回しな表現を好み、その文化が言葉の節々に表れます。しかし、外国語で適切なコミュニケーションを取るには、相手の国の文化も理解する必要があります。

　なるべく多くの外国人とコミュニケーションを重ねたいものですが、留学は金銭的、時間的なコストがかかります。そこでお勧めしたいのが、私たちのように日本で外国人の方をガイドすることです。たくさんの外国人と出会えますし、その後も友人として交流を深めることもできます。語学習得、そして異文化理解の場として、ガイドにチャレンジしてみてはいかがでしょうか。

Chapter 7

ここが変だよ日本人！
日本人のこんなところ
がユニークです

相変わらず、忍者や侍は海外でも根強い人気があります。特に海外の子どもたちは忍者がまだ日本にいると思っていることも多いです。ちなみに僕が12歳の頃にアメリカの中学に転入した際には、僕は忍者の親戚だと説明して周りからリスペクトされた覚えがあります。

ここでは、外国人から見ればとてもユニークな日本人の日常生活について、外国の方から受けた質問と、その回答例をご紹介します。

日本人はなぜメガネをかけるのが好きなの？

Why do Japanese people like to wear glasses?

Answers

→ メガネは日本人に似合ってるじゃない。

   Glasses look good on Japanese people.

→ おしゃれだからだよ。

   They have a good eye for fashion.

→ 伊達メガネで賢く見せたいんだよ。

   They want to look smart with fake glasses.

→ ドライアイで困っている人が多いんだ。

   A lot of people are troubled by dry eyes.

● Vocabulary

glasses メガネ

look good on ~ ～に似合う

have a good eye for ~ ～を見る目がある

smart 賢い

be troubled by ~ ～に悩む

Comment

日本語では、帽子は「被っている」、メガネは「かけている」、服は「着ている」、ズボンや靴は「はいている」ですが、英語ではすべて wear です。また「被る」「かける」「着る」「はく」動作を表すのもすべて同じ put on です。この点は日本語よりも英語のほうがシンプルですね。ちなみに、英語で外見を褒めるときは、シンプルに I like your shirt. 「そのシャツ、いいね」とも言えるし、look great を使って The shirt looks great on you. や You look great with the shirt. 「そのシャツ、よく似合ってるね」という表現も可能です。

108 なぜ日本人なのにアニメのことをあまり知らない人がいるの？

Why don't some Japanese people know much about anime?

Answers

→ 私はアニメが好きだけど、日本人みんながそうだというわけじゃないよ。

I love anime, but not all Japanese people do.

→ 人によるよ。

It depends on the person.

→ アメリカ人はみんなバスケットボールが得意だってこと？

Are you saying all Americans are good at basketball?

→ 日本人がみな忍者や芸者じゃないのと同じだよ。

It's the same as all Japanese are not ninja or geisha.

● Vocabulary

anime　アニメ（→ p.174）
depend on ~　〜次第だ
be good at ~　〜が得意だ
It's the same as ~　〜と同じだ

Comment

「時や場合・状況による」というときに便利な表現が、depend on 〜という言い方です。「状況による」と言うのであれば、It depends on the circumstances. または It depends on the situation. という言い方が適切です。

日本人はなぜ行列に並ぶのが好きなの？

Why do Japanese people like to stand in line?

Answers

→ 人気のスポットなら、多くの人がそこに行きたいと思うものだよ。

If there's a popular spot, many people want to go there.

→ 僕らは辛抱強いんだよ（笑）。

We are patient about waiting. :)

→ そういう人は、有名なところに行きたいんだよ。

They want to go to well-known places.

→ そういう人たちもいるけど、私はしないよ。

Some people do, but I don't.

● Vocabulary

stand in line 列を作る、列に並ぶ

popular spot 人気の場所、話題の場所

well-known 有名な

Comment

「確かにそういう人たちはいるかもしれないけど、日本人みながそうである わけじゃない、とりあえず私はそうしない」と答えたいときもあるでしょう。 そんなときには Some people do, but I don't. という言い方が便利です。こ の場合、people を省略して Some do, but I don't. と言っても意味は同じです。

110 日本人はなぜ天皇や皇族のことをよく知らないの？

Why don't Japanese people know much about the Emperor and the Imperial family?

Answers

→ あまりよく知らない人がいるのは確かだけど、みんながそうだというわけじゃないよ。

I agree some people don't, but it's not true of all people.

→ 皇族のことをよく知らなくても、私たちの普段の生活に支障はないよ。

It has no impact on my daily life if I don't know about the Imperial family.

→ 新年に皇居の庭園に行けば、あなたは意見を変えるかもしれないよ。

If you visit the Imperial gardens on New Year, you might change your opinion.

→ 若い人たちの中には、皇族についてよく知らない人もいるかもしれない。

Some young people may not know much about them.

● Vocabulary

Emperor　天皇
Imperial family　皇族
impact　衝撃
Imperial gardens　皇居の庭園
on New Year　新年に

Comment

はっきりと断定をしたくないときに使うのが、mayやmightです。「かもしれない」という意味ですが、mayよりもmightのほうが「可能性が低い」または「丁寧な」というニュアンスを持っています。It may snow tonight. とIt might snow tonight. はどちらも「今夜雪が降るかも」という意味ですが、後者のほうが可能性が低いことを表します。

111 ほとんどの日本人がiPhoneを持っているのはどうして？

Why do most Japanese people have iPhones?

Answers

→ Appleのしゃれた広告に引きつけられたんだよ。

Apple's sophisticated advertising pulled us in.

→ 多くの人がiPhoneを持っているけど、ほとんどの日本人が持っているとは思わない。

Many people have iPhones, but I'm not sure that most of us do.

→ あなたの国ではどのスマートフォンが人気なの？

What kind of smartphone is popular in your country?

→ 今やiPhoneは日本だけではなく世界中で大人気だよ。

iPhones are very popular, not only in Japan, but around the world.

● Vocabulary

sophisticated 洗練された

advertising 広告

pull ~ in ～を引きつける

be not sure ~ ～に関して確信が持てない

Comment

意見を求められたとき、確信を持てない場合にはI'm not sure ～という言い方がよく使われます。確信を持てるならI'm sure ～ですし、反対に疑わしいと言いたいならI doubt it. と言います。どちらかと言うと主観的なものの言い方ですが、特に日常会話では多く用いられます（→p.25）。

112 多くの人が本にカバーをつけて読んでいるのはどうして？

Why do so many Japanese people put a book cover on the books they're reading?

Answers

→ 自分が読んでいる本を見られたくない人もいるでしょ。
Some people don't want to show the book they're reading.

→ 自分の本を大切に扱っているんだ。
They treat their books with care.

→ 乱雑に自分の本を扱いたくないんだ。
They don't want to treat their books poorly.

→ おしゃれな本のカバーを楽しんでいる人もいるよ。
Some people enjoy having a fancy-looking book cover.

● Vocabulary
put A on B AにBをつける
treat ~ with care 〜を大切に扱う
treat ~ poorly 〜を乱雑に扱う
fancy-looking おしゃれな

Comment

poorlyという言葉自体に「乱雑に」という意味はありません。その単語自体は「貧しく」「下手に」「不完全に」といった意味を持っています。後ろのページでも talk poorly about their wives という表現を取り上げています（→p.175）。poorly は、talkやtreat などの動詞と組み合わされることで大きく広がりを持つ単語です。うまく使えると表現の幅が広がるはずです。

113 日本ではデートのお金は割り勘？

Do people split the bill on a date in Japan?

→ 若いカップルではそういう人もいるけど、場合によるかな。

Some younger couples do, but it depends.

→ 男性が女性の分も払う場合が多いかもしれないね。

The most common case is that a man treats his partner.

→ 割り勘をするのが気が楽って言う男性も女性もたくさんいるよ。

There are many men and women who feel comfortable to go halves.

→ 好きにすればいいよ。でも、おごってもらえるかどうかは知らないけどね（笑）。

Do as you please. But I'm not sure if you'll get treated. :)

● Vocabulary

split the bill 割り勘にする

treat ～におごる、ごちそうする

go halves 割り勘にする

Do as you please. 好きにすればいい（**please** したいと思う）

Comment

「割り勘にする」は split the cost という言い方もあります。costを分ける、bill（勘定）を分ける、という表現ですから、理解しやすいのではないでしょうか。

114 日本人の夫婦はなぜ手をつながないの？

Why don't Japanese married couples hold hands?

Answers

→ 年配の人の中には、それは不作法だと思っている人がいるんだ。

Some older people think it's impolite.

→ ただパートナーの手を握るのが恥ずかしいだけだよ。

They are just too shy to hold their partner's hand.

→ 多くの夫婦が手をつないでいるのを見るよ。

I see many married couples holding hands.

→ それは人や世代によるよ。

It depends on the people and the generation.

● Vocabulary

married couple 夫婦

hold hands 手をつなぐ

impolite 不作法な

generation 世代

Comment

恋人同士で手を握り合う行為、これがhold handsです。それに対してビジネスなどの状況で契約成立時などに堅く握手をするのは shake hands です。またhold someone's hand と言うと「誰かの手を握る」という意味の他に「その人の精神的な支えとなる」いう意味もあります。

115 日本人はなぜプレゼントの包装紙を丁寧にはがすの？

Why do Japanese people peel off wrapping paper so carefully?

Answers

→ 君のように包装紙をビリビリに引き裂く人もいるよ。

Some people tear up wrapping paper just the same as you do.

→ それをビリビリ破くのを行儀が悪いと思う人もいるんだ。

Some people think it's bad manners to tear it up.

→ 日本の包装紙にはビリビリに引き裂くにはキレイでもったいないものもあるよ。

Some Japanese wrapping paper is too pretty to tear up.

→ 別の機会に何かを包むために、包装紙をとっておくんだ。

We keep the paper to reuse for other presents.

● Vocabulary

peel off ~　〜をはがす、剥く
wrapping paper　包装紙
tear up ~　〜をビリビリ裂く、引きはがす
reuse　再利用する

Comment

tear upで「ビリビリ裂く」とか「ズタズタに引き裂く」という意味です。「涙」という意味のtear [tíər] と綴りは全く同じですが、発音は違って [téər] ですから注意しましょう。wrapping paperは「包装紙」ですが、paperの代わりにclothを使ってJapanese wrapping clothと言うと風呂敷のことです。

116 日本の映画館ではお客さんが静かなのはなぜ？

Why are audiences in movie theaters so quiet in Japan?

Answers

→ 映画館であっても、公共の場でうるさくするのは良くないと考えられているんだ。

It's not considered good manners to be noisy in public places, even in movie theaters.

→ 若い世代の人たちは映画館で笑うし、手をたたくよ。

Younger generations laugh and clap their hands in movie theaters.

→ 年配の人には比較的その傾向があるかな。

Comparatively, older people may have that tendency, I guess.

→ 私の場合、好きなときに笑うし、泣くよ。

In my case, I laugh and cry whenever I want.

● Vocabulary

audience 聴衆、観客
good manners 良い作法
clap 手をたたく
comparatively 比較してみると
tendency 傾向
whenever 〜するときはいつでも

Comment

comparatively「比較的してみると」や、generally「一般的に言って」は、限定できないことを説明するときに便利な単語です。be considered 〜「〜と考えられている」も、主観的なニュアンスを含まない表現です。これらを使って、客観的な視点で解説することができます（→p.25）。

117 日本人はなぜ贈り物をその場で開けないの？

Why don't Japanese people open a present when they receive it?

Answers

→ （その場で開けるのは）行儀が悪いことだと思う人もいるんだ。

Some don't think it's good manners.

→ 誰かの目の前でプレゼントを開けることは礼儀を欠いていると考えられているんだ。

It's thought not to be polite to open a present in front of someone.

→ なぜかはわからないな。だけどちなみに僕はその場で開けるよ。

I'm not sure why. But I do, if that helps.

→ 楽しみを先延ばしにしたいのかも。

They might want to prolong the pleasure of opening it.

● Vocabulary

good manners　良い作法
in front of ~　〜の目の前で
I'm not sure why　なぜかわからない
If that helps　ちなみに
prolong　先延ばしにする

Comment

海外の人が包み紙をビリビリに破ってプレゼントを取り出すのは、「プレゼントを待ちきれない」「そのくらい嬉しい」という気持ちを表現することから来ている、という説があります。それが相手に対する思いやりでもあるんだとか。日本人から見ると興味深いカルチャーギャップかもしれませんね。

---

118 日本人はなぜ、先生ではない人を「先生」と呼ぶことがあるの？

Why do Japanese people sometimes call a person "teacher" whose occupation is not a teacher?

Answers

→ お世辞を言うときや、無遠慮にからかうときに、人を「先生」と呼ぶ人はいるよ。

Some people call you "teacher" to flatter or tease you outright.

→ 医者、小説家、弁護士、政治家は、日本で「先生」と呼ばれることがあるよ。

Doctors, novelists, lawyers, and politicians are referred to as "teacher" in Japan.

→ その人に敬意を示すためにそうする人もいるよ。

Some do this when they want to show respect to that person.

→ 酔っているときに人をそう呼ぶ年配の人はいるよ。

Some older people may do this when they are drunk.

● Vocabulary

call A B　AをBと呼ぶ	**outright**　あからさまに、無遠慮に
occupation　職業	**refer to A as B**　AをBと呼ぶ
flatter　～にお世辞を言う、おだてる	**drunk**　酔って
tease　～をからかう	

Comment

教師ではない人をときに「先生」と呼ぶことを不思議に思う外国人は多いです。英語では丁寧な呼びかけとして、sir/madam などが使われます。ホテルなどでコンシェルジュなどからそう呼びかけられた人も多いのではないでしょうか。ただ、英語圏でも名前をわかっている間柄なら、むしろ名前を呼ぶほうが自然です。madam は ma'am と略されマムと発音します。

119 カラオケ好きの人が多いのはなぜ？

Why do many Japanese people love karaoke?

Answers

→ 日本はカラオケ発祥の地だからね。

Japan is the birthplace of karaoke.

→ 日本では長らく、宴会で歌や音楽を披露することが一般的だったんだ。

In Japan, it has long been common to provide musical entertainment at a party.

→ 年齢を問わず、誰でも楽しむことができるよ。

Regardless of age, anyone can enjoy it.

→ カラオケ店の中には１人専用の部屋を用意しているところもあるよ。

Some karaoke shops have rooms even for one customer.

● Vocabulary

birthplace 発祥の地
long 長い間、長らく
entertainment 余興、演芸
regardless of ~ ～を問わず

Comment

アメリカやカナダでカラオケと言うと、バーで他のお客さんの前で歌う形式のものが多いです。訪問客をカラオケに連れていくときは、日本のカラオケについて説明してから行きたいかどうかを確認するのがよいかもしれません。なお regardless of ～は、文化や習慣などを解説している文章でよく見かける表現です。「老若男女を問わず」は regardless of age and sex と言います。「国籍に関係なく」は regardless of nationality、「職種を問わず」なら regardless of profession です。とても使い勝手の良い表現なので、ぜひ覚えて使ってみてください。

120 なぜ日本人は固い握手をしないの？

Why don't Japanese people shake hands with a firm grasp?

Answers

→ 日本人には握手の習慣がないからだよ。

Japanese people don't have a practice of shaking hands.

→ 握手する代わりに、お辞儀をして挨拶する人が多いよ。

Most people bow to greet instead of shaking hands.

→ とてもシャイな人もいるからね。

Some people are very shy.

→ 固い握手をする日本人もいるよ。

Some Japanese people have a firm handshake.

● Vocabulary

shake hands　握手する

firm　堅い、引き締まった

grasp　しっかりと握ること

practice　習慣、慣例

bow　お辞儀する

greet　挨拶する

handshake　握手

Comment

欧米人の間では、日本人が力強く握手をしないことはよく話題に上ります。力強い握手じゃないから信用できない、嫌われているような気がする、など不必要な誤解が多いようです。日本の人に聞くと「強く相手の手を握るのは失礼な気がする」と言うのですが、欧米の人と握手をするときだけは少しだけ強くしてみてはどうでしょう。

121 なぜ日本の女性はそんなにやせているの？ 本当にダイエットが必要？

Why are Japanese ladies so skinny? Do they really need to go on a diet?

Answers

→ 多くの日本人女性はバランスの取れた健康的な食事を取ることに気を遣っているんだ。

Many Japanese ladies make sure to eat a balanced healthy diet.

→ 特に若い女性の中には、極端すぎるダイエットをする人もいる。

Especially for young girls, their diet is too extreme.

→ 日本だけじゃない。アメリカのスーパーモデルの過剰なやせ方が社会問題になったと聞いたことがあるよ。

That doesn't happen only in Japan. I heard the diet of supermodels in the US has become a social issue.

→ 女性誌はみな、年に一度以上は新しいダイエット法の特集を組んでいるよ。

Every women's magazine has special features on new diets more than once a year.

● Vocabulary

skinny	やせこけた	**balanced**	バランスの取れた
go on a diet	ダイエットをする	**healthy diet**	健康的な食事
make sure to do ~		**special feature**	特集
必ず～するように心がける			

Comment

dietは食事という意味で使われることが多い単語です。「ダイエットをする」はgo on a dietと言いますが、「健康的な食事」の「食事」に当てはまる英語も dietです。また日本の国会も the Dietと言います。Diet discussionは国会質疑のこと。「ダイエット論争」ではありません。

122 なぜ日本人は倒れるまで飲むの？

Why do Japanese people drink till they drop?

Answers

→ 大酒飲みもいるし、お酒が飲めない人もいるよ。

Some people drink like a fish, but others are lightweights.

→ お酒を無理強いすることが社会問題になっているんだ。

It has become a social issue that some force others to drink alcohol.

→ ビジネスパーソンの中には接待でお酒を飲まざるを得ない人もいるかもしれない。

Some businesspeople have to drink alcohol when wining and dining clients.

→ 日本人は遺伝的にお酒に弱いんだよ。

Most of us genetically have a low alcohol tolerance.

● Vocabulary

drink till you drop　倒れるまで飲む（**till you drop**　過度に）

drink like a fish　大酒を飲む

lightweight　酒が飲めない人、下戸

wining and dining
　～と酒を飲み食事をする（**wine**　ワインでもてなす、**dine**　食事でもてなす）

genetically　遺伝的に

tolerance　耐性

Comment

drink like a fish というと直訳では「魚のように飲む」となってしまいますが、「大酒を飲む」の意味です。「大食いである」は eat like a horse「馬のように食べる」という言い方をします。日本語にも「鯨飲馬食」というそっくりの言い回しがありますね。

123 なぜ日本人をはじめとしてアジア人はスマホに依存しているの？

Why are Asians, beginning with Japanese people, dependent on their smartphones?

→ 年齢に関係なく多くの人たちがスマートフォンに多くの時間を費やしているよ。

Many people regardless of their age spend a lot of time on their smartphones.

→ スマホでできることが多すぎるんだ。

There are too many things that you can do on a smartphone.

→ 特に学生の間で、それは今や日本の社会問題になっているんだ。

It's now a social problem especially among students in Japan.

→ アジア人に限らず、全世界の人がその傾向にあるんじゃないかな。

Not only Asians, but people in all over the world, have that tendency.

● Vocabulary

beginning with ~ 　〜をはじめ	**spend time on ~** 　〜に時間を費やす
be dependent on ~ 　に依存している	
regardless of ~ 　〜に関わらず	

Comment

dependent「依存した」の反対語はin という接頭語がついたindependentで、「自立した」「独立した」という意味です。Independence Day と言えば独立記念日のことです。「どこの政党からも独立している」という意味で、無所属の候補も Independent と呼ばれます。1つの単語から派生した関連語をいくつか覚えておくと忘れにくいものです。

152

124 なぜ日本人は大学名にそんなにこだわるの？

Why are Japanese people hung up on the name of a college?

Answers

→ 日本社会には学歴に対する執着があるんだ。

There is an obsession with college degrees in Japanese society.

→ 日本では学歴が大切なんだよ。

Academic background is important in Japan.

→ ブランドにこだわる人もいるから。

Some people are brand-conscious.

→ 卒業した大学のブランドが就職活動に大きく関わるからだよ。

The brand of university that you graduated from is important for job hunting.

● Vocabulary

be hung up on ~　～にこだわる

obsession　執着

college degree　大学の学位

academic background　学歴

brand-conscious　ブランドにこだわる

job hunting　就職活動

Comment

国民性から個人の嗜好に至るまで、性質を表すのに be hung up on は便利な表現です。「外見にこだわる」というのであれば be hung up on one's looks ですし、「細かなことにこだわる」なら be hung up on small things と言います。どちらかというとネガティブな言い回しとして使われることが多いかもしれません。

125 日本人の学生はなぜ授業中に寝ているの？

Why do Japanese students sleep during class?

Answers

→ 退屈な授業だと、起きているのは難しいよ。

It's very difficult to be awake when the class is boring.

→ 多くの学生がSNSやスマホゲームのせいで遅くまで起きてるんだ。

Many students stay up too late due to social media and cell phone games.

→ 真面目な生徒もたくさんいるよ。

There are also many conscientious students.

→ 出席すれば授業の単位が取れるからじゃないかな。

I think that you can get units by just attending classes.

● Vocabulary

be awake　目が覚めて、眠らずに

stay up late　夜更かしをする

due to ~　～が原因で

conscientious　真面目な

get units　単位を取る

attend class　授業に出る

Comment

conscientiousやdedicated は「真面目な」「誠実な」という意味で、日本人の性格を表すときによく目にする形容詞です。「真面目な」という意味ではseriousもよく使われる単語です。またpolite「礼儀正しい」、punctual「時間に正確な」、respectful「誰にでも敬意を表する」なども日本人の性格を語る場面でよく使われます。

126 なぜ日本人はあらかじめスケジュールを組みたがるの？

Why do Japanese people like to schedule in advance?

Answers

→ それだと効率が良いと考えるからだよ。

We think it's efficient.

→ ぶっつけ本番が好きじゃないから。

We don't like to play it by ear.

→ 計画を立てるのが好きな人もいるよ。

Some people like to plan.

→ 計画を立てる過程で、それまで見えなかったスケジュールの問題が見つかるんだ。

The process of planning helps us find any scheduling issues we weren't aware of at first.

● Vocabulary

schedule　スケジュールを組む

in advance　事前に

play it by ear　ぶっつけ本番でやる

Comment

play it by earは面白い表現です。直訳すると「耳で聞いてそれをする」。ミュージシャンが使ったと考えると忘れないのではないでしょうか。「譜面はなく耳だけで聞いてその音楽を演奏する」ということから、「ぶっつけ本番でやる」「なりゆき任せでやる」という意味で使われる表現です。

127 なぜ日本人は旅の計画を詰め込むの？

Why do Japanese people set a tight schedule on trips?

Answers

→ 旅行の時間を無駄にしたくないんだ。

We just don't like to waste our time on our trips.

→ 時間が短いから、できるだけ楽しい予定も入れたいんだ。

So we try to get in as much fun as we can in the short time we have.

→ ゆったりとした時間を楽しみたい日本人だっているよ。

Some Japanese people like to enjoy quiet time.

→ 旅行のために細かく計画を立てるのが好きな人もいるんだ。

Some people like to work up a detailed plan for their trip.

● Vocabulary

tight schedule　きついスケジュール

waste　〜を無駄にする

get in ~　〜の時間を工面する

work up ~　〜を作り上げる、練り上げる

detailed plan　細部に渡った計画

Comment

tight schedule「きついスケジュール」、detailed plan「細かい計画」などは日本人の行動を表すのによく聞く表現です。反対に「自由なスケジュール」「きつくないスケジュール」は loose schedule、「素案」は rough plan と言います。

128 日本人は選択肢の中から選ぶのが好きじゃないみたいだね。なぜいつも「どちらでもいい」と言うの？

Japanese people don't seem to like choosing from options. Why do they always say "Anything is fine"?

Answers

→ 遠慮して「どちらでもいい」と言うのだと思う。(遠慮が「どちらでもいい」と言う原因となっているのだと思う)

Maybe our modesty causes us to say "Anything is fine."

→ 自分の意見を持たないように見えるかもしれないけど、そうじゃないよ。

They might seem not to have their own opinion, but that's not true.

→ 妥協して他の人の意見を尊重していることもあるかもしれない。

In some cases, they might compromise and respect the other person's opinion.

→ 何を選んでも問題ないのかもしれないね。

It might not be a problem for them to choose either.

● Vocabulary

choose from options
選択肢から選ぶ（**option** 選択肢）
modesty 遠慮、気おくれ
compromise 妥協する

either どちらか

Comment
奥ゆかしい日本文化の精神が「選択」を相手に任せるという行動に出るのだと思いますが、ことアメリカ文化ではそれが不信感につながることもあります。文化の違いなのでどちらが良いのかということではないと思いますが、相手の持つ文化の背景を知っておくことは相互理解につながるはずです。

129 なぜ日本の人たちは料理の写真を撮るのが好きなの?

Why do Japanese people like to take pictures of their food?

Answers

→ FacebookやInstagramに写真をアップするのが好きなんだ。

We like to post the pictures on Facebook and Instagram.

→ SNSに写真をアップして、承認欲求を満たしているんだよ。

Posting pictures on our social media lets us fulfill our desire to gain recognition.

→ 単に、思い出を写真に残しているだけだよ。

We're just trying to capture memories in our photos.

→ 他のお客さんの写真をSNSにあげる際には注意すべきだけどね。

We should take care upon posting other customers' pictures on social media.

● Vocabulary

post （インターネットに情報）をアップする、掲載する

social media SNS

recognition 認識、認められること

capture ～を記録する、保存する

upon doing ~ ～するにあたって

Comment

SNS は social networking service の頭文字を取ったものですが、英語ではSNSより social media という言い方のほうが多く使われます。インターネットに情報をアップするという意味でよく使われるのが、post という単語です。

130 なぜ日本人女性はおしゃれなの？

Why are Japanese ladies fashionable?

Answers

→ だって、彼女たちは服のセンスがいいから。

Because they have good taste in clothes.

→ 最新の流行に敏感だから、雑誌やSNSなどのたくさんの情報源があるんだ。

Because they are sensitive to the latest trends, they refer to many sources like magazines and social media.

→ 美しく見えるように努力しているんだ。

They are making an effort to look beautiful.

→ きっと、本当はおしゃれしたくないと思うよ。面倒だし。

Probably, they don't actually want to be fashionable in reality. It's a hassle.

● Vocabulary

fashionable　おしゃれな

have good taste in ~　～のセンスが良い

be sensitive to ~　～に敏感な

latest　最新の

refer to ~　～を参照する

source　情報源

in reality　実際は

hassle　面倒なこと、手間

Comment

tasteは多くの意味を持つ単語です。「味覚」という意味の他に「審美眼」や「センス」といった意味もあります。例文ではそれが使われています。taste of powerと言えば「権力欲」のことですし、taste in musicと言えば「音楽の好み」、good tasteは「良識」「品位」という意味です。

131 女性みたいな外見の男性の俳優が人気があるのはなぜ?

Some Japanese male actors have a feminine appearance. Why are they so popular?

→ 人の好みは議論できないよ。

There is no disputing taste.

→ たで食う虫も好き好き。（人の好みを説明することはできない）

There is no accounting for taste.

→ 甲の薬は乙の毒。（人によって好みは違う）

One man's meat is another man's poison.

→ 十人十色。（人の数だけ人の意見はあるものだ）

So many men, so many opinions.

● Vocabulary

actor　俳優（男性・女性）

feminine　女性っぽい

appearance　外見

There is no ~　～することはできない

dispute　～を議論する、口論する

taste　嗜好、好み

account for ~　～を説明する

Comment

日本語と英語で意味がほとんど同じことわざがあります。今回の There is no accounting for taste.「たで食う虫も好き好き」はまさにそれで、この場合の taste は「好み」という意味です。1つ目の There is no disputing taste. は、「その意見に賛成だ」ということを遠回しに述べたもので、2つ目の There is no accounting for taste. は「その意見に賛成できない」ことを述べています。

132 日本人は漢字が全部読めるの？

Can Japanese people read all Chinese characters?

Answers

→ 漢字をすべて読める人はいないと思うよ。

I don't think there is anyone who can read all the Chinese characters.

→ 漢字がいくつ存在するのかさえ想像できないし。

I can't even imagine how many *kanji* exists.

→ 日本には漢字の検定試験もあるんだ。

There is also a certificate exam of Chinese characters in Japan.

→ 漢字を学ぶことを楽しんでいる人もたくさんいるよ。

Many people enjoy learning Chinese characters.

● Vocabulary

Chinese character　漢字〔**character**　文字〕
certificate exam　検定試験

Comment

アルファベットは1つの文字が音を表す表音文字（phonogram）ですが、漢字は1つの文字が1語を表す表語文字（logogram）です。
また、漢字自体が意味を持つものも多いことを説明すると、驚いて感心する外国人が多いです。「木の上に立って見る」と書く「親」や「田で力仕事をする」と書く「男」など漢字の構成要素を解説してみてください。

133 なぜ日本人はお風呂がそんなに好きなの？

Why do Japanese people like taking a bath so much?

Answers

→ 理由の１つはきっと日本の気候にあると思うよ。

One reason must be the climate in Japan.

→ 寒い冬には、眠る前にお風呂に入って身体を温めるんだ。

In the cold winter, we warm our body by taking a bath before sleeping.

→ 暑くジメジメした夏には、１日かいた汗を流すんだ。

In the hot and humid summer, I rinse off the day's sweat in the bath.

→ お風呂に入れば、リラックスできるよ。

Taking a bath allows people to relax.

● Vocabulary

take a bath 風呂に入る

warm 〜を温める

humid 湿気の多い

rinse off ~ 〜を洗い流す

Comment

飛行機やレストランなどは例外として、欧米では浴槽、洗面台、トイレが１つの部屋にあるものを一般的にbathroomと呼びます。浴槽はbathtub、洗面台はsink、便器はtoiletと言います。「風呂に入る」は米語ではtake a bathですが、イギリス人はhave a bathと言う人のほうが多いです。赤ん坊など、誰かを風呂に入れるのはgive 〜 a bathと言います。

134 なぜ日本人は赤ちゃんのへその緒を取っておくの？

Why do Japanese people save babies' umbilical cords?

Answers

→ その風習は母親と赤ちゃんの絆を大切にする方法として始まったんだって。

The custom originated as a way of cherishing the bond between mother and baby.

→ へその緒はかつて神秘的な力を持つと考えられていたんだよ。

The umbilical cord was once thought to have some mysterious powers.

→ 子どもが大病を患ったときに、へその緒を煎じて飲むと病気が良くなるとも言われているんだ。

People believed that the extracted umbilical cord could help cure childhood diseases.

→ 東南アジアの国でもへその緒を取っておく国があるよ。

People in some Southeast Asian countries also save them.

● Vocabulary

save　〜を取っておく	**extract**　〜を抽出する
umbilical cord	**cure**　〜を治す
へその緒（**umbilical**　へその）	
originate　始まる、起源を持つ	
cherish　〜を大事にする、大切にする	

Comment

umbilical cordは、ただcordとだけ言っても「へその緒」を表すことがあります。またumbilical cordは、「へその緒」だけではなく「宇宙船の外にいる宇宙飛行士に宇宙船から酸素を供給するパイプ」や「密接な関係」など、「へその緒」から派生して他の意味も持つ興味深い単語です。

135 疲れた顔をしている人が多いけど、日本人はちゃんと寝ているの？

Many Japanese people look tired. How many hours do you sleep?

Answers

→ 多くの会社員はとても遅い時間に帰宅するから、睡眠時間がとても少ないんだ。

Most corporate workers get home very late and sleep very little.

→ ある研究によると、実際の平均睡眠時間は7時間15分なんだって。

According to one study, the average sleep time is actually seven hours and fifteen minutes.

→ もちろんそれは人によって異なるよ。

Of course, it differs from person to person.

→ 年齢によっても違うし、職業によっても違うよ。

It depends on age and also on occupation.

● Vocabulary

corporate worker 会社員
study 研究
average sleep time 平均睡眠時間
differ from person to person 人によって異なる
occupation 職業

Comment

「睡眠時間」を例文では sleep time としましたが、the amount of sleep という言い方もあります。「眠る量」が直訳ですが、「量」とはこの場合もちろん時間を意味するので、睡眠時間ということになります。3つ目の例文は The amount of sleep differs from person to person. とも言えるわけです。

136 日本人と中国人は、漢字を使えばコミュニケーションが取れるの？

Can the Japanese and Chinese communicate using Chinese _kanji_ characters?

Answers

→ とても単純なことを伝えたいのなら、文字による伝達はうまくいくかもしれないね。

If you try to convey something very simple, written communication might work.

→ 場合によっては可能だけど、同じ単語が別の意味を持っていることもあるから、たいていは難しいよ。

It's possible in some cases, but mostly it's difficult because some words have different meanings.

→ 中国で使われている漢字は、日本の漢字より簡略化されたものが多いんだ。

A lot of the characters used in China are more simplified than those in Japan.

→ 1つの言語だけで世界中の人と話すことができたらいいのにね。

I do really hope we can communicate with people all over the world just by one language.

● Vocabulary

convey	〜を伝える、伝達する	**mostly**	たいてい
work	うまくいく	**character**	文字
in some cases	場合によっては	**simplify**	〜を簡略化する

Comment

漢字の部首のことを英語ではradicalまたはradical of _kanji_ と言います。また画数はstrokeと言います。This _kanji_ has ten strokes.「この漢字の画数は10画だ」のような言い方をします。漢字の辞書はradicals「部首」とstrokes「画数」で分類されているので、日本語を学習している人にはなじみの語です。

137 職場に家族の写真を飾らないのはどうして？

Japanese people don't display their family pictures in their offices. Why?

Answers

→ 職場で家族のことをあまり話したくないんじゃないかな。

They might not like to talk about their family at work.

→ 仕事とプライベートを分けたいんだよ。

They like to separate business and private life.

→ 公私混同するべきではないと考えているのかもね。

They might think that they should not mix up their job and private life.

→ 自分の家族を自慢していると思われたくないんだろう。

They don't want to be seen as bragging about their family.

● Vocabulary

display ～を飾る

separate A and B AとBを分ける

mix up A and B AとBを混同する

brag about ~ ～を自慢する

Comment

「仕事」を表す英単語は、work/job/business/laborなどいくつかあります。workは抽象的に「仕事全般」を表し、「個々の業務」や「特定の仕事」というよりも「概念としての仕事」といった意味を持ちます。I have a lot of work to do.「片づけなければならない仕事がたくさんある」のように、仕事の種類には触れません。それに対してjobは「個々の職務」「具体的な任務」の意味を持ちます。Let's get this job done.「この仕事を片づけようよ」のように「職務」「任務」を表します。

138 なぜ大晦日には徹夜をするの？

Why do Japanese people stay up all night on New Year's Eve?

Answers

→ 大晦日だけの特番がテレビで放映されているからだよ。

Because people want to watch special TV shows that only air on New Year's Eve.

→ 新年が来ると、お寺や神社に集まってその年の幸せを祈る人もいる。

Some people gather at a temple or shrine to pray for happiness once the new year comes.

→ 除夜の鐘を聞きながら年を越す人もいるよ。

Some ring in the new year by listening to *Joya No Kane* (Bell of New Year's Eve).

→ お寺は深夜に108回鐘を鳴らすんだ。鐘は108の煩悩を表しているよ。

Buddhist temples ring their bells 108 times at midnight. The rings represent the 108 elements of *bonno*: evil thoughts.

● Vocabulary

stay up all night	徹夜する	**ring in ~**	鐘を鳴らして~を迎える
air	放送される	**evil thoughts**	煩悩、邪念
New Year's Eve	大晦日		
pray for ~	~を求めて祈る		
once	ひとたび~すれば		

Comment

とかく宗教心が薄いと言われる日本人ですが、海外旅行者にとって大晦日や正月は、日本人の宗教観を感じることができる良い機会でしょう。4つ目の例文では「煩悩」を evil thoughts と表現していますが、earthly desires「世俗的な欲望」とすることも可能です。

139 なぜバレンタインデーに女性は男性にチョコレートをあげるの？

Why do women give men chocolate on Valentine's Day in Japan?

Answers

→ 日本のバレンタインデーの風習なんだ。

It's our Valentine's Day custom in Japan.

→ 女性はチョコレートで男性の心をつかむんだ。

Women win men's hearts and minds with chocolates.

→ 友達や同僚、先生、上司に渡す「義理チョコ」を買う女性もいるよ。

Some women buy *giri choco*, which means obligatory chocolate, which is meant to be for friends, colleagues, teachers and bosses.

→ 1月にはデパートやコンビニでチョコレートの大きな陳列が始まるよ。

You'll see large displays of chocolate in department stores and convenience stores starting in January.

● Vocabulary

custom 風習
obligatory 義務的な
display 陳列

Comment

バレンタインデーは世界各地で、恋人や夫婦が愛を誓う日とされています。欧米では男女の区別なく、愛する人に花やケーキ、お菓子やカードなどを贈ります（日本のように「女性がチョコレートを贈る日」とは限られていません）。カードには From your Valentine や Be my Valentine などと書き添えます。この Valentine は「恋人」の意味です。

140 ホワイトデーって何？　その日に何をするの？

What is White Day? What do you do on that day?

→ ホワイトデーは3月14日で、ちょうどバレンタインデーの1カ月後だよ。

White Day is on March 14th, exactly one month after Valentine's Day.

→ ホワイトデーには、男性がバレンタインデーに女性にもらったチョコレートのお返しを贈ることになっているんだ。

On White Day, men are supposed to give return gifts to women who gifted them chocolates on Valentine's Day.

→ ホワイトデーという名前から、チョコレートの色は白であることが多いよ。

Because of the name of the day, more often than not, the color of the chocolate is white.

→ このホワイトデーの風習は、日本だけでなく韓国や台湾でもあるらしいよ。

Not only Japan but also South Korea and Taiwan have this White Day custom, I've heard.

● Vocabulary

be supposed to do ~　することになっている
return gift　お返し
more often than not　たいてい

Comment

ホワイトデーの習慣は日本で生まれたもので、欧米には存在しません。ホワイトデーは日本の製菓業界などにより企画されたもので、1978年ごろから始まったと言われています。その後中国、台湾、韓国など東アジアの一部ではホワイトデーの習慣が定着した国もいくつかあります。

どうして日本ってこうなの？

　この章では外国人の方からのさまざまな質問を載せてきました
が、私たちが実際にボランティアガイドをしていると、この他に
も変わった質問をされることが多々あります。たいてい、自国と
は異なる日本の日常文化やシステムなどに驚いて、私たちに疑問
を投げかけてくるケースが多いように思います。その中で特に多
いのは、「渋谷は人が多すぎないか？」「みんな歩くのが早いよ！
何に急いでるの？」というものです。

　やはり渋谷を訪れる人の目的の多くは「渋谷のスクランブル交
差点を見る」というのが多いです。いざ来てみると、人の多さに
圧倒され驚きながらも必死に写真を撮っている方をよく目にしま
す。あるインド人の方が「渋谷は人が多すぎて怖いよ（笑）。自
分の国はあまり治安が良くないのが怖いけど、渋谷にはまた違っ
た怖さがあるよね」と言っていたのを聞き、人口の多いインドの
人でさえもそのように思うのかと思いました。またあるフィリピ
ンの方は「スクランブル交差点を行く人はみんな歩くのが速い。
そしてたくさん人がいるのに、それを難なく避ける日本人もすご
い！」と言っていました。

　日本を訪れた外国人の方は、私たちには見慣れた光景となって
しまって気にも留めないようなことに対しても、常にさまざまな
疑問や驚きを持っているようです。私たち日本人も、身の回りの
ことについて意識してみるだけでも、日本に対しての理解度が高
まり、同時に他の国の文化に触れる際にも理解が深まるのではな
いでしょうか。

Chapter 8

普段僕らが普通に
していること、
彼らにとっては疑問です

日本はかなりモノカルチャーな国だと思います。逆に、だからこそ日本発で生まれる新しいコンセプトなどがあります。KAWAII文化などは昨今、造語として世界に伝わり始めています。僕らがやっているちょっと世界的に変わったところを堂々と説明できることが、日本や日本人が世界にリスペクトされる第一歩なのかなと思っています。

ここでは、外国人から見れば不思議だらけな日本人の習慣について、外国の方から受けた質問と、その回答例をご紹介します。

141 若い女性たちが何にでも使う「カワイイ」って、実際どういう意味？

What does *kawaii* mean in a practical sense? Young girls use it all the time for anything.

Answers

→ 何かステキなものを見たときの叫び声なんだ。

It is an exclamation when you see something nice.

→ 若い女性だけでなく、大人も使う言葉だよ。

Not only young girls but grown-ups use the word too.

→ その言葉自体は「かわいらしい」という意味だけど、今は「素晴らしい」「愛おしい」という意味で使われているよ。

It literally means "cute," but it is used as "awesome" and "adorable" these days.

→ 若い女性たちが何かについての興奮を共有したいときに使う言葉なんだ。

It is used when young girls want to share in excitement about something.

● Vocabulary

in a practical sense	実際には	**awesome**	素晴らしい
exclamation	叫び声	**adorable**	かわいらしい
grown-up	大人	**these days**	昨今
literally	文字通り	**share in ~**	～を共有する

Comment

人だけではなく、物や男性の行動などについても使われる「カワイイ」という日本語のニュアンスに近い言葉はcuteでしょう。prettyはcuteよりもより外見に着目して使われる語です。赤ちゃんや子猫にはcuteを使いますが、もしもprettyが使われたらそれは外見が美しいというニュアンスを含みます。

142 日本人はなぜマスクをしている人が多いの？

Why do many people wear masks in Japan?

Answers

→ 風邪やインフルエンザやコロナにかかりたくないからだよ。

We don't want to catch a cold, flu or COVID-19.

→ 花粉症の予防をしているんだ。

We're taking precautions against hay fever.

→ 空気が汚いからかな。

Because of the air pollution.

→ マスクをすると美人に見えると言われているんだ。

Some people say that when you wear a mask, you look more beautiful.

● Vocabulary

catch a cold/flu　風邪を引く／インフルエンザにかかる

COVID-19　新型コロナウィルス

take precautions against ~　～を予防する

hay fever　花粉症

air pollution　大気汚染

Comment

上の質問に限らず、病気の名前を覚えておくと、旅行の際、何かあったときに助けになるでしょう。

日本人の国民病「花粉症」は hay fever または allergy to pollen と言います。虫歯は cavity、下痢は diarrhea。「熱を測る」は take a temperature、「～に対してアレルギーがある」は be allergic to ～です。

143 日本人はなぜ大人でもマンガを読むの？

Why do even adults read manga in Japan?

Answers

→ 日本のマンガは子どもだけのものじゃないんだ。

Japanese manga are not only for children.

→ 日本ではビジネスや投資のような大人をターゲットにしたマンガが数多くあるよ。

You'll see a lot of manga for grown-ups in Japan, like business and investment.

→ 日本には驚くほどたくさんの種類のマンガがあるんだ。

There is an astonishing variety of manga in Japan.

→ あなたも読んでみれば、理由がわかるよ。

If you read one, you'll see why.

● Vocabulary

adult/grown-up　大人

manga　マンガ（＝comic book）

investment　投資

astonishing　驚くほど

a variety of ~　さまざまな〜

You'll see why.　理由がわかるよ

Comment

mangaやanimeは、日本語がそのまま英語として定着した単語です。anime はもともとアニメーションという外来語が日本で短くされ、「アニメ」となって、それが逆輸入され英語になった単語です。ただしanimationは静止画に対して動画と言う場合に使われる語で、日本で使われるアニメとはやや意味が異なります。

144 日本人の男性が人前で自分の奥さんを悪く言うのはなぜ？

Why do Japanese men talk poorly about their wives in public?

Answers

→ 日本ではそれが礼儀だと考えている年配の人もいるんだ。

Some elderly people think of it as a courtesy in Japan.

→ ただの照れ隠しだよ。

Just to cover their embarrassment.

→ そういう話し方に慣れてしまっているだけなんだ。

They are just used to speaking in that kind of way.

→ だからと言って彼らが自分の妻を愛していないというわけではないんだ。

It doesn't mean they don't love their wives.

● Vocabulary

talk poorly about ~　　～のことを悪く言う

elderly　　年配の

courtesy　　礼儀、礼儀正しいこと

embarrassment　　恥、困惑

be used to doing ~　　～に慣れている

Comment

elderly people と older people は意味としてはほぼ同じですが、どちらの言葉を選ぶかによって話し手の気持ちが反映されます。elderly は old の婉曲語でもあるのですが、「時代遅れの」「旧式の」という意味もあるので、上の例で話し手が older people よりも elderly people を選ぶのであれば、「妻を悪く言う習慣」を「時代遅れ」と考えていることが推測できます。

145 多くの人が今も布団を使っているの？

Do many people still use futons?

→ 布団を使っている人の数は減ってきていると思うよ。

I think the number of the people who use them is decreasing.

→ 使っている人もいるよ。布団は日本の伝統的な生活様式の一部でもあるんだ。

Some do. Futons are also part of Japan's traditional lifestyle.

→ 日本の布団は畳の上に敷くことを意図して作られた敷物なんだ。

Japanese futon beds are designed to be laid out on a *tatami* floor.

→ 布団は簡単にクローゼットにしまえるから便利だよ。

Futons are useful because they are easy to put away in the closet.

● Vocabulary

be designed to do ~　～する目的で作られる、計画される

lay out　～を並べる（laid は lay の過去分詞形）

put away　片づける

Comment

民泊で宿泊する人が増えた結果、このような質問が出てくるようになったのかもしれません。次のページの洗濯物に関する質問についても同様です。「布団」は英語でも futon と言います。ただし折りたたみ式のソファーベッドのことを言う場合もありますから、海外で使うときは注意が必要です。毛布は blanket、薄い掛け布団は top cover、羽毛布団のような厚い掛け布団は comforter と言います。イギリス人は厚い掛け布団を duvet と言います。

146 多くの人が洗濯物を外で干しているけど、乾燥機を持っていないの？

Many people dry laundry outdoors. Don't they have dryers?

Answers

→ 多くの人が乾燥機を持っていると思うよ。

I think many people do have dryers.

→ 持っているけど、天気の良い日に屋外に洗濯物を干すと気持ちがいいよ。

Yes, but you feel great drying laundry outdoors when it's clear and sunny.

→ そのほうがずっと環境に優しいよ。

It's much more eco-friendly.

→ お金の節約にもなるしね。

It also saves money.

● Vocabulary

dry laundry　洗濯物を干す（**dry**　干す、**laundry**　洗濯物）
dryer　乾燥機
eco-friendly　環境に優しい
save money　お金を節約する

Comment

laundry は不思議な言葉で、「洗い終わった洗濯物」も「これから洗濯をする汚れた洗濯物」も表します。またクリーニング店や、洗濯という行為そのものを指すこともあります。何を表しているのかは文脈で判断する以外にありません。

147 なぜ日本人はお礼を言うときに「すみません」と言うの？

Why do Japanese people say *Sumimasen* when they return thanks?

Answers

→ 「すみません」は謝罪を意味するんだ。

We say *Sumimasen* as an apology.

→ 感謝の気持ちを表すために使われることもあるよ。

It's sometimes used to show gratitude.

→ 私たちが言いたいのは、それに費やされた手間暇に対する感謝とお詫びの気持ちなんだ。

What we want to say is "Thanks and sorry that you spent this time and effort on it."

→ 場合によって、複数の意味があるよ。

In some occasions, it has several meanings.

● Vocabulary

return thanks　礼を言う、感謝の言葉を言う
apology　謝罪
gratitude　感謝の気持ち
time and effort　手間暇、時間と労力
occasion　時、場合

Comment

英語には感謝を表す表現は数えきれないほどあり、またよく使われます。Thanks from the bottom of my heart. 「心の底から感謝している」は、大げさに聞こえるかもしれませんがよく聞く言葉です。I can't thank you enough. 「感謝しきれないほど感謝している」も一般的な言い方。シンプルに I appreciate it. 「感謝しています」や Thank you for 〜. 「〜をありがとう」も照れずに使えるといいですね。

148 レストランで会計のときに明細を細かく確認しない日本人が多いのはなぜ？

Why don't many Japanese people check the receipt when they pay at a restaurant?

Answers

→ チェックする日本人だっているよ。

Some Japanese people do.

→ 日本では会計の際に、支払い金額の間違いがほとんどないからかもしれない。

It may be because there's rarely mistakes on the bill amount when paying for something in Japan.

→ おそらく日本人が忙しすぎるからだろうね。

Perhaps Japanese people are just too busy.

→ お金の話をするのを嫌がる人もいるんだよ。

Some people dislike talking about money.

● Vocabulary

receipt　レシート
rarely　めったに〜ない
bill　請求書、勘定
dislike doing ~　〜することを嫌がる

Comment

check out は「ホテルでチェックアウトする」という意味だけではなく、「図書館などから本を借りる」または「レジで精算する」という意味でも使われる便利な言葉です。
perhaps は「おそらく」「もしかすると」という意味ですが、I think 〜「〜だと思う」や I wonder if 〜「〜ではないか」などの表現よりもやや改まった印象があります。

149 なぜ日本人は人の年齢を聞くの？

Why do Japanese people like to ask people's age?

Answers

→ 日本社会では年齢はとても重要なんだ。

Age is very important in our society.

→ 日本では年上の人に敬意を払うんだ。

We pay respect to elders in Japan.

→ 日本はかつて年功序列の社会だったからだよ。

Japan used to be a seniority-based society.

→ 相手の年齢を考慮して、自分の振る舞いを決める人が多いんだ。

Most of us decide our behavior by considering the other's age.

● Vocabulary

pay respect　敬意を払う

elder　年長者

seniority-based　年功序列の（**seniority**　年功序列）

behavior　振る舞い

Comment

seniority は「年上」という意味もありますが、「年功序列」という意味もあり、ここではその意味で使っています。seniority payment と言うと「年功序列に基づいた給料制」という意味です。日本のビジネス社会を説明するには欠かせない単語なので、覚えておくととても便利です。

150 日本人が、褒められてもそれを否定するのはなぜ？

When a Japanese person receives praise, he or she denies the compliment. Why?

Answers

→ 褒められるのが得意でない人もいるんだ。

Some people are not good with compliments.

→ 褒められるのが嫌いな人はいない。彼らはただシャイなんだ。

No one hates to be praised. They're just shy about it.

→ 感情を表すのがうまくない人もいるよ。

Some are not good at expressing their emotions.

→ 謙遜した態度を示すのが礼儀正しいと考えられているからだよ。

It's considered polite to have a modest attitude.

● Vocabulary

praise 称賛／褒める
compliment 褒め言葉、賛辞
be good with ~ ～の扱いがうまい
be good at doing ~ ～するのがうまい
express one's emotion 感情を表す
modest 謙遜した、控えめな

Comment

質問文に出てきたhe or sheは、その人の性別がわからないときに使われる言い回しです。この文では「褒められたその人」を指しています。三人称複数のtheyは男女問わず「人」を表す代名詞ですが、三人称単数はそれにあたるものがありません。he or sheは回りくどいように感じるかもしれませんが、よく使われる表現です。

Chapter 8

普段僕らが普通にしていること、彼らにとっては疑問です

151 なぜ多くの日本人は筆箱を持っているの？　筆箱を使わないとおかしい？

Why do many Japanese people have pencil cases? Is it considered strange not to use a pencil case?

→ もちろん問題はないよ。悪いことはないよ。

Of course, it's not a problem. There's no harm.

→ おしゃれな筆箱が日本ではたくさん売られているから、筆箱好きな人が多いんだ。

Many fashionable pencil cases are sold in Japan. That's why people like them.

→ 日本には文房具好きが多いらしいよ。

It seems there are many stationery lovers in Japan.

→ 小学生の頃から持っていたから、筆箱を持つのは当たり前なんだ。

It's natural for us because we've owned them since we were elementary students.

● Vocabulary

There's no harm.　害はない、悪いことはない
fashionable　おしゃれな
stationery　文房具
own　〜を持つ
elementary student　小学生

Comment

日本の文房具は外国人にも「カワイイ」と評判です。protractor「分度器」、triangle ruler「三角定規」、sharpener「鉛筆削り」など、学生時代にはよく使った言葉を英語で覚えておくと、使い方を説明するのに役立つときがあるかもしれません。

152 贈り物をするときに「つまらないものですが」と
言うのはなぜ？

Why do Japanese people say "It's a trivial thing" when giving a gift?

Answers

→ 日本の文化は謙遜の美徳を重視しているんだ。

Japanese culture emphasizes the virtue of humility.

→ 贈り物がつまらないものでなくても、謙虚さを示すためにそう言うんだ。

Even if the gift isn't trivial, you will still want to say it to show humility.

→ あげる前に贈り物を悪く言うのは習慣なんだ。

It's a custom to devalue a gift before giving it.

→ みんながそう言ってるから、私も真似してるよ。

Everyone says that, so I copy what they're saying too.

● Vocabulary

trivial　ささいな、取るに足らない

emphasize　〜を強調する、重視する

virtue　美徳、長所

humility　謙虚、謙遜

devalue　〜を低く評価する、おとしめる

copy　真似する

Comment

贈り物を「つまらないものですが」と言うことを疑問に思う外国人は多いです。ぜひ virtue「美徳」や humility「謙虚」、modesty「謙遜」などの単語を使いながら説明してください。value は「評価する」の意味で、それに de の接頭語がついた devalue は「低く評価する」という意味になります。

153 先輩、後輩の上下関係があるって本当？

Is it true there is a seniority rule in Japan?

Answers

→ うん、本当だよ。時々、極端すぎるけど。

Yes, that's true. Sometimes it's too much.

→ 年下の人が年上の人に話すとき、「敬語」と呼ばれる敬意を示す言語が使われるんだ。

When speaking to our seniors, younger people use what's called *keigo*, an honorific language.

→ 中国、日本、韓国といった東アジアの国では、年上の人を尊重するんだ。

In some countries in East Asia, such as China, Japan and Korea, people highly value seniority.

→ それは儒教の精神から由来しているんだ。

It is derived from the spirit of Confucianism.

● Vocabulary

seniority rule　年功序列のルール	**be derived from ~**　～に由来する
（**seniority** 年上であること、年功序列）	**spirit**　精神
senior　年長者	**Confucianism**　儒教
what's called　いわゆる	
honorific language	
敬語（**honorific**　敬意を示す）	
value　～を尊重する、重んじる	

Comment

海外では、年齢による上下関係が感じられない国が多いですが、年配の方へ敬意を表す気持ちはどの国も同じようです。さて、聞き慣れない単語かもしれませんが Confucianism「儒教」という言葉は、日本文化を説明するときには不可欠です。年上の人を敬う気持ちや「仁義」「礼節」など、英語では説明しにくい観念も儒教がもとになった考え方ですから、Confucianism を使って説明することで理解の助けになるはずです。

154 なぜ日本人は人の血液型を聞くのが好きなの？

Why do Japanese people like to ask someone's blood type?

Answers

→ 血液型は人の人格や性質に関連性があると信じている人もいるよ。

Some of us believe blood types are connected to a person's personality and character.

→ 血液型占いをただ楽しんでいるだけだよ。

We just enjoy fortune telling based on blood types.

→ 同時に多くの人がその相互関係に科学的な根拠がないことを知っているよ。

At the same time, many people know there is no scientific backing with the correlation.

→ 会話のきっかけに使っている人もいるよ。

Some people use it as a conversation starter.

● Vocabulary

blood type	血液型	**correlation**	相互関係
be connected to ~		**starter**	手始め
〜と関連性がある			
personality	人格、人柄		
character	性格、性質		
fortune telling	占い		
backing	保証、裏書き		

Comment

血液型を尋ねる文化は欧米にはありません。医療的な理由がない限り自分の血液型を知らない人も多くいます。「君の血液型は何？」は What's your blood type? です。「RH プラス B 型」は B positive、「RH マイナス O 型」は O negative と言います。

155 なぜ日本のテレビは字幕が多いの？

Why do Japanese TV programs use a lot of subtitles?

Answers

→ 聴覚障害者のための字幕もあるよ。

Some are for the deaf and hard of hearing.

→ 注意を引きつけるために使われる場合もあるんじゃない？

Sometimes they might be used as an attention grabber.

→ テレビ会社が自分たちの意見を主張したいときに、それを使っているかもしれない。

When TV companies want to assert their opinion, they might use them.

→ 確かに多いよね。その多さにメディアにクレームを言う人もいるみたいだよ。

Exactly! There are some people who make complaints to TV stations about it.

● Vocabulary

subtitles 字幕
the deaf and hard of hearing 聴覚障害者
attention grabber 注意を引きつけるもの
assert 〜を主張する
make a complaint クレームをつける

Comment

「日本語字幕版」はJapanese subtitles / Subtitled in Japaneseと言い、「日本語吹き替え版」はJapanese voice over / Dubbed in Japaneseと言います。また、例えばアメリカで上映されるヨーロッパ映画ならわざわざ字幕が英語であると言う必要がないので、単にsubtitled「字幕版」、dubbed「吹き替え版」と表記されます。

156 なぜ日本人は地震が来ても驚かないの？

Why don't people get upset when an earthquake happens?

Answers

→ 小さな地震はよくあるから慣れているんだよ。

We are used to small earthquakes because they happen a lot.

→ 大きな揺れが来たら、パニックになると思うよ。

If a big quake happens, we will freak out.

→ 緊急地震速報って知ってる？　ちょっとした地震より、あの音のほうがずっとびっくりするよ。

Do you know the earthquake alert? The sound of that is much more surprising than a small earthquake.

→ 揺れの間は冷静にして、揺れがおさまるのを待つべきだと知っているんだ。

We know that we should stay very calm during an earthquake and wait it out.

● Vocabulary

upset	うろたえた	alert	警報
be used to ~	～に慣れている	wait ~ out	～が過ぎるまで待つ
quake	揺れ		
freak out	パニックになる		

Comment

地震の関連語で、magnitude は地震の規模を表す尺度として使われることも多い言葉ですね。この magnitude を使った magnitude of benefit は「利益の大きさ」のこと、understand the magnitude of the problem と言えば「その問題の重要性を理解する」という意味です。また星の明るさを表す１等星、２等星の「等」もこの言葉で表現します。first magnitude star で「１等星」という意味です。

157 どうしてカラオケに1人で行くの？

Why do some Japanese people go to karaoke alone?

Answers

→ うまく歌えるようになるまで同じ曲を何度も練習できるからだよ。

You can practice the same song over and over again until you get it right.

→ 音痴な歌で恥をかかないように練習してるんじゃないかな。

They want to practice songs, so as not to be embarrassed by a bad performance.

→ 周りに気を遣わないで、自分だけの空間で思う存分歌を楽しめるよ。

You can be yourself and enjoy singing to your heart's content in a private space.

→ 1人だから他の人が歌っているのを待たなくていいんだ。

You don't need to wait for somebody else to finish singing since you are alone.

● Vocabulary

over and over again	何度も何度も	**be oneself**	自然にふるまう
get it right		**to one's heart's content**	
正しく理解する、きちんとやる		心ゆくまで	
so as not to do ~	～しないように		
be embarrassed	恥をかく		

Comment

「カラオケで歌う」は sing at karaoke と言います。カラオケで「キーを上げてほしい」ときは Change the key up.、下げてほしいときは Change the key down. と言います。「3つ下げて」と言いたいなら、その後に by three steps とつけ加えれば大丈夫。音楽のキーを変更することを「移調する」と言いますが、英語では transpose です。

158 カフェで席を確保するのにカバンやスマホを置いておくのが信じられないんだけど。

Why do people leave their bags or smartphones to reserve their seats in cafés?

Answers

→ 犯罪のことは心配ないよ。日本は治安がいいから。

There's no worry about crime here. Japan is safe.

→ 誰にも取られないから、置いていても問題ないよ。

No one will steal it, so it is no problem to leave your belongings.

→ 日本では物が取られることはとても稀なんだ。

It's so rare that things are stolen in Japan.

→ 転ばぬ先の杖。（後悔するより用心したほうがいい）

It's better to be safe than sorry.

● Vocabulary

reserve 〜を確保する
There's no worry about ~ 〜の心配がない
belongings 持ち物
rare 珍しい

Comment

4つ目の例文は、than をはさんだ2つの言葉、safe と sorry を比べている比較級の文です。be safe「安全である」のほうが be sorry「後悔する」よりも better である、と言っているわけです。日本語の「転ばぬ先の杖」が、最も近いニュアンスです。

159 キリスト教徒でないのにどうしてクリスマスを祝うの？

Why do people who are not Christian celebrate Christmas in Japan?

Answers

→ ただお祝い事を楽しんでいるだけだよ。

We're just enjoying the celebration.

→ 宗教的なイベントというより、季節のイベントととらえている人が多いよ。

Many people take Christmas as a seasonal event rather than a religious one.

→ クリスマスを楽しむことは僕らにとって文化なのかもしれない。

I guess enjoying Christmas is part of our culture.

→ おいしいご飯やプレゼント交換をするのが楽しみなんだ。

We look forward to having a delicious meal and exchanging gifts.

● Vocabulary

seasonal 季節の

look forward to doing ~ ～することを楽しみにして待つ

Comment

宗教について尋ねられたとき、I don't believe in God. 「私は神を信じていない」やI'm an atheist. 「無神論者です」と答えたい人も多くいるかもしれませんが、こうした言い方はお勧めしません。おおげさに思われるかもしれませんが、キリスト教徒にとっては、「神を信じない」ことに対して倫理観が欠けていると感じる人も多くいます。I'm not a religious person. 「私は信心深くないんです」と答えるのが無難でしょう。

160 どうして多くの人がクリスマスにフライドチキンを食べるの？

Why do people eat fried chicken on Christmas in Japan?

普段僕らが普通にしていること、彼らにとっては疑問です

Answers

→ KFCの宣伝がとても効果的なので、クリスマスに買ってしまうんだ。

KFC's advertisements are so effective that we tend to buy it on Christmas.

→ コンビニでは、店の前にワゴンでフライドチキンが売り出されているよ。

Fried chicken is sold on wagons in front of convenience stores.

→ 七面鳥の代わりにフライドチキンを食べるようになったのかもしれないね。

We might have come to eat fried chicken instead of eating turkey.

→ クリスマスには宅配ピザもとても人気だよ。

Getting pizza delivered is also very popular on Christmas.

● Vocabulary

tend to do ~　〜しがちだ
come to do ~　〜するようになる
get ~ delivered　〜を配達してもらう

Comment

イギリスでクリスマスディナーに欠かせないのはChristmas pudding。プディングといってもプリンとは異なり、ドライフルーツやスパイスがたっぷり入ったパウンドケーキのようなデザートです。生地に指輪やコインを入れて焼き、人数分に切り分けて、中から指輪やコインを見つけた人には幸運がもたらされると言われています。

治安のいい国、日本！

　私たちは、「お助け隊」と称して、街中でサポートが必要な外国人観光客の方のボランティアガイドをしています。外国の方々からすると、日本はとても不思議な国だという印象を受ける人が多いようで、日本に関してさまざまな質問を受けます。その中でもすごく意外な質問だったのが、「日本の治安」に関するものでした。

　ある外国の方から、「日本では夜でも女性が普通に街中を1人で歩けるんだね。衝撃的だったよ。自分の国だったらまずあり得ない話だね。どうしてこんなにも治安がいいんだ？」と聞かれたのです。こう尋ねられたものの、日本人からしてみたらごく当たり前のことなので、私もまともに答えられませんでした。「それが日本っていう国なんだ。アメリカが自由を象徴とする国のように、日本を治安が良い国として認識してもらえたらいいな」と伝えると、「そうなんだ！　日本はいいね。何度でもまた来たいよ」と喜んでくれたのです。

　こんな風に、外国の方との交流を通して初めて日本の良さというものに気づかされることが多いです。普段当たり前だと思っている日常が、実は世界的に見れば当然のことではなく、日本だからこそ維持できている素晴らしさなのかもしれません。

　こんな出会いをきっかけに、改めて身の回りのことについて見直すことができたら素敵ですね。

Chapter 9

日本語でも
説明できないかも？
日本の伝統文化

外国の方を観光案内するとなると、神社やお寺にお連れすることが多いでしょう。ところが細かいディテールまで説明ができず、説明しようとしても英語自体が難しくてできないという経験は誰もがあるのではないでしょうか。でも、いったん話せるようになると外国人観光客にとてもウケの良いのが、この神社・寺に関するトピックです。

ここでは、日本人の伝統文化について外国の方から受けた質問と、その回答例をご紹介します。

161 多くの日本人は宗教を持たないと聞いたよ。本当？

I heard many Japanese people are not religious. Is that true?

Answers

→ 日本には主に2つの宗教があるんだ。1つは神道、もう1つは仏教。

There are two major religions in Japan. One is Shintoism and the other is Buddhism.

→ 確かに毎週神社やお寺に行く人は少ないかもしれないけど、それは宗教心を持たないということじゃないよ。

Many of us don't visit a shrine or temple every week, but it's different from not being religious.

→ 正月には多くの人が神社やお寺へお参りに行くんだ。

Many people visit a shrine or temple on New Year's Day and pray there.

→ 特に若い人たちの間ではその傾向にあるかもしれない。

There might be that tendency especially among young people.

● Vocabulary

religious	信心深い、宗教心のある	temple	寺
Shintoism	神道	on New Year's Day	元日に
Buddhism	仏教	tendency	傾向
shrine	神社		

Comment

宗教に関しては、かなり親しくならないと、なかなか外国人から質問を受けることはないかもしれません。ただ、正月もお盆もハロウィーンもクリスマスも祝う日本人を不思議に思う外国人は少なくないでしょう。I think 〜を用いて柔軟に対応すればよいと思います。It depends. も便利な表現です。

162 日本人は毎週、お寺や神社に行くの？

Do Japanese people go to a temple or shrine every week?

Answers

→ 多くの日本人は、お寺や神社を毎週お参りすることはないよ。

Most of us don't visit temples or shrines every week.

→ お祭りや儀式やお葬式など、必要なときに神社やお寺に行くんだ。

We go to shrines and temples when needed, like for festivals, rites or funerals.

→ 日本では、多くの人が正月休みに神社にお参りをするんだ。

Many people visit shrines during the New Year's holiday in Japan.

→ お祭りのときは、神社に多くの人が集まるよ。

Shrines draw a lot of people when festivals are held there.

● Vocabulary

when needed　=when (they are) needed

rite　儀式

funeral　葬式

draw　〜を集める

held　hold（〜を催す）の過去分詞形

Comment

「お参りに行く」は、そこに行って祈るわけだから go to a shrine and pray のように言うのかなと考えがちですが、visit a temple や visit a shrine といった表現を使えば大丈夫です。funeral や rite といった言葉は日常ではあまり使わない単語かもしれませんが、この種のトピックを説明するためには必要です。

163 神社とお寺の違いは何？

What is the difference between a shrine and a temple?

→ 日本のお寺は仏教の教えに基づいているよ。

Japanese temples are based in Buddhism.

→ 日本の神社は一連の日本の霊的信仰である神道の教えに基づいているんだ。

Japanese shrines are based in Shintoism, which is a set of Japanese spiritual beliefs.

→ 神社ではお参りの前に手をたたくんだ。

You clap before a prayer in a shrine.

→ お寺では静かに祈るんだ。

Prayers are silent in a temple.

● Vocabulary

be based in ~　〜に基づいている

belief　信仰、信念

clap　手をたたく

prayer　祈り、祈りの言葉

Comment

お寺と神社の違いは、日本人でも明確に説明をすることが難しいかもしれません。お参りの仕方が違うことや、"-Ji"「〜寺」という名前なら仏教に基づいた temple で、"-Jinja"「〜神社」という名前なら神道に基づいた shrine だと教えてあげるだけでも、喜ぶ外国人旅行者は多いです。

164 神社で何をするのですか？

What do Japanese people do at a shrine?

→ 神社は神道の施設だよ。

Shrines are religious facilities for Shintoism.

→ 神社には必ず鳥居があるんだ。鳥居に入る前に一礼するんだよ。

There must be *Torii* in shrines. Bow when entering it.

→ 鳥居をくぐった後は、手水舎で手と口を洗い身を清めるんだよ。

After entering *Torii*, wash your hands and mouth at *Chozuya* to purify yourself.

→ お祈りをするときは、鐘を鳴らして、2回礼をし、2回手を叩いて、もう1回礼をするんだよ。

When you pray, ring a bell, do two bows, clap your hands twice, and bow one more time.

● Vocabulary

facility 施設
purify 〜を清める
bow お辞儀、礼

Comment

鳥居は神社の門であるだけではなく、神社を守る障壁としての意味合いもあるようです。説明を求められたら、It's the gate of the shrine.（神社の門だよ）、It is regarded as a barrier against even spirits.（邪悪な霊から守るための境界と考えられているよ）のように言ってみましょう。手水舎は、参拝の前に手を洗い口をすすいで心身を清めるための場所で、「ちょうずや」と読みます。

165 お寺で何をするの？

What do Japanese people do at a temple?

→ お寺は仏教の施設だよ。

Temples are religious facilities for Buddhism.

→ お寺には仏教の像があって、そこには僧侶が住んでいるよ。

In temples there are statues of Buddha, and monks live there.

→ お寺では門の前で一礼するんだ。

At a temple, bow once in front of the gate.

→ お賽銭を入れ、お祈りをして礼をするんだけど、神社と違って、手を叩かないんだ。

Make a monetary offering, and pray and bow, but unlike in a shrine, no clapping.

● Vocabulary

statue of Buddha　仏像
monk　僧侶
monetary offering　お賽銭
unlike　～とは違って

Comment

有名なお寺や神社を紹介するときには、いつ頃建てられたのかが話題になることが多いです。「これは16世紀中頃に建てられました」なら This was built in the middle of sixteenth century. です。「消失する」は burn down、「再建する」は rebuild です。It burned down in 1600 and was rebuilt in 1700. のように使ってください。

166 地蔵って何？

What is *jizo*?

Answers

→ 地蔵は日本の仏教における仏様の１つだよ。

Jizo is a deity of Japan's Buddhism.

→ 地蔵は小さな僧の像として表現されているんだ。

Jizo is often depicted as a little monk statue.

→ お地蔵様は、僕らが健康で安全なように見守ってくれているんだ。

Jizo watches over us for our health and safety.

→ 機会があれば、花、線香や酒などをお供えするといいよ。

When you have a chance, I recommend placing an offering like flowers, incense and *sake*.

● Vocabulary

deity （多神教の）神
depict 〜を表現する
watch over ~ 〜を見守る
place 〜を置く
offering お供え
incense お香

Comment

「表現する」という意味で、例文ではdepictを使いましたが、describeという語も日本語に訳すと同じ意味です。上の例文のように、depictは視覚的に表現する場合に用いられることが多く、describeは言語によって表現する場合に多く使われます。

167 禅って何？
What is *Zen*?

→ もともとの意味は、大乗仏教の一派の禅宗のことなんだ。

As originally defined, it's a school of Mahayana Buddhism, *Zen* Buddhism.

→ 座禅という瞑想の意味で、禅という言葉を使う人もいるよ。

Some people use the word to refer to the practice of *Zen* meditation or *Zazen*.

→ 日本語で、座とは座ること、禅とは瞑想という意味だよ。

***Za* means sitting; *Zen* means meditation in Japanese.**

→ 禅とは精神の覚醒であると考える人もいるんだ。

Some say *Zen* is an attitude of spiritual awakening.

● Vocabulary

originally　もともと
define　～を定義する
school　派、流派
Mahayana Buddhism　大乗仏教（**Theravada Buddhism**　小乗仏教）
refer to ~　～のことを指す
meditation　瞑想
attitude　考え方
awakening　目覚め、覚醒

Comment

不思議な東洋の言葉、*Zen*。あまり意味を考えずに雰囲気で使っているアメリカ人も多いように思いますが、もともとは仏教の一派を意味する言葉です。宗教の「派」はschoolが使われます。ちなみにschoolは「魚の群れ」という意味も持っています。

168 なぜ相撲の力士は試合のときにあんなにたくさんの塩を宙にまくの？

Why do sumo wrestlers toss so much salt up in the air at their match?

Answers

→ かつて、相撲はその年の収穫のための宗教的な儀式として行われていたんだ。

Once, sumo was performed as a religious ceremony for the year's harvest.

→ たくさんの塩をまくことでその儀式をする土俵を清めているんだよ。

They purify the ring to hold the rite by tossing a lot of salt.

→ 日本相撲協会によると、1日45kgの塩が使われているんだ。

According to Japan Sumo Association, 45 kg of salt is used in a day.

→ 天井に向けておおげさに塩を投げることで、この儀式を劇的に見せることを得意とする力士もいるよ。

Some wrestlers are good at making a show of this ritual by tossing the salt dramatically towards the ceiling.

● Vocabulary

toss ～を放る	**make a show of ~** ～を誇示する
up in the air 宙に	**ritual** 儀式
once かつて	**ceiling** 天井

Comment

相撲やボクシングの試合のように一対一の勝負の場合はmatchが使われます。バスケットボールや野球などの団体戦にはgameが使われることが一般的です。ただしイギリス発祥のスポーツ、サッカーやラグビー、クリケットではmatchが公式用語として使われています。大まかに個人戦か団体戦かで使い分けると覚えやすいですね。

169 空手と柔道はどう違うの？

How is *karate* different from *judo*?

Answers

→ 空手は攻撃を伴う、積極的な武術なんだ。

Karate involves attacking, and is an aggressive form of martial arts.

→ 柔道は純粋に防御の武術だよ。

Judo is purely a defensive form of martial arts.

→ 空手は蹴りや突きが多いけど、柔道は組み手や投げ技が多いよ。

Karate focuses on kicking and striking, and _judo_ focuses on grappling and throws.

→ 両方とも日本で生まれた武術だ。

They are both martial arts of Japanese origin.

● Vocabulary

involve　〜を伴う、含む
aggressive　積極的な、攻めの
martial art　武術
defensive　防御の
focus on 〜　〜に集中する
strike　打つ、たたく
grapple　つかみ合う
throw　投げ、投げること

Comment

日本の武術（martial art）は海外でも注目されています。karate は日本語の
「空手」とは少し違った独特の発音で [kərάːti] と読みます。オリンピック種
目となっている柔道よりも、ハリウッド映画などで取り上げられる空手のほ
うが、アメリカでは知名度が高いようです。

170 落語って何？

What is *rakugo*?

Answers

→ 日本の伝統的な話術による演芸の一種だよ。

It's a type of traditional verbal entertainment in Japan.

→ 語り手が1人でステージの上に座って、色々な人を演じながらおかしな話を語るんだ。

One storyteller sits on the stage and narrates a comical story, playing several characters.

→ 語り手は小道具に扇子と手ぬぐいだけを使うんだよ。

The storyteller uses only a fan and a small cloth as props.

→ どの話も、オチのあるしゃれで終わるんだ。

The stories always end with a wordplay punch line.

● Vocabulary

verbal 言葉による
narrate 〜の話をする
play 〜を演じる
prop 小道具
wordplay しゃれ
punch line オチ

Comment

話術によって楽しませる芸ですから、外国語圏の人には理解が難しい演芸ですが、*rakugo* という言葉もずいぶんと知られるようになってきました。verbalという単語はその後に様々な言葉がつく単語です。verbal promise「口約束」やverbal battle「口喧嘩」など、映画などでも聞く機会が多い言葉ではないでしょうか。

171 みみたこって何？

What is *mimi tako*?

→ 文字通りの意味は「耳にたこができること」だよ。

It **literally** means "to grow **callus** on your ears."

→ 同じことを何度も何度も聞いて飽きている、という意味だよ。

It means "to **get tired of hearing** the same thing **over and over again**."

→「耳」を意味する「ミミ」と「たこ」を意味する「タコ」を組み合わせた語なんだ。

It's a **combination** of *mimi* meaning "ear" and *tako* meaning "callus."

→「耳にたこができる」という有名な言い回しの略だよ。

It's an **abbreviated** form of a **well-known** phrase, *Mimi ni tako ga dekiru*.

● Vocabulary

literally 文字通り
callus （皮膚の）たこ
get tired of doing ~ ～することに飽きる
over and over again 何度も何度も
combination 組み合わせ
abbreviate ～を短縮する、省略する
well-known 有名な

Comment

日本人は「コンビニ」「あけおめ」「スマホ」など短縮するのが大好きな国民だと思います。耳慣れない単語かもしれませんが、abbreviation「省略形、短縮形」やcombination「組み合わせ」という言葉は、これらを説明するときに非常に便利です。

172 なぜ日本語には多くの人称代名詞があるの？

Why does Japanese language have many personal pronouns?

Answers

→ 一番の理由は、敬語を使う言語だからだよ。

The main reason is the use of honorific language.

→ 相手によって、使う人称代名詞を変えるんだ。

We use personal pronouns depending on whom we talk to.

→ 人称代名詞は話し手と聞き手の間の社会的、個人的人間関係を表現しているんだ。

They represent the social and personal relationship between the speaker and the listener.

→ 若者が新しい言葉を作るので、人称代名詞の数はさらに増え続けているんだ。

The number of personal pronouns is even increasing because young people create new words.

● Vocabulary

personal pronoun 人称代名詞（**pronoun** 代名詞）
honorific language 敬語（**honorific** 敬意を表す）
depending on ~ ～に応じて

Comment

honorific language「敬語」という言葉は、日本文化を紹介するときには便利です。一方、英語には敬語や丁寧語などの表現はないと言われることもあるようですが、そんなことはありません。正式な場所で使われる言葉遣いは丁寧語と考えてよいでしょう。日本語では社会的関係性で言葉が使い分けられますが、英語では自分との親密度で言葉が使い分けられるという違いがあります。

173 武士道って何？

What is *bushido*?

→ 武士の行動規範を表している言葉なんだ。

It's the code of conduct of the samurai.

→ 文字通りには「武士の道」という意味だよ。

It literally means "the way of the warrior."

→ 武士の倫理観から生まれた言葉だよ。

It originated from the samurai's moral values.

→『武士道』というタイトルの本では、「日本の魂」と訳されているよ。

It was described as "the soul of Japan" in the book *Bushido*.

● Vocabulary

code 基準、作法

conduct 振る舞い、日頃の行い

warrior 戦士

originate from ~ ～に由来する、起源がある

moral 道徳上の、倫理上の

Comment

『武士道』は五千円札の肖像としても知られる新渡戸稲造の著書で、アメリカ第26代大統領のTheodore Roosevelt（セオドア・ルーズベルト）や第35代大統領John F. Kennedy（ジョン・F・ケネディ）にも影響を与えたと言われます。目次を見るだけでもとても興味深い本です。日本人でも説明しにくい「義」「仁」「礼儀」「忠義」などがどんな英語に置き換えられるかを知ることができるので、日本文化を解説する際に参考になるのではないでしょうか。

174 懐石って何？

What is *kaiseki*?

Answers

→ 高級で伝統的な日本のコースディナーだよ。

It's an elegant, traditional Japanese multi-course dinner.

→ 食材だけでなく器にも最善の心配りがされているよ。

Not only the ingredients, but also the serving dishes, are planned with the great care.

→ 食材の組み合わせやその調理法は日本文化の美意識を表現しているんだ。

The combination of ingredients and the way the ingredients are cooked express the aesthetics of Japanese culture.

→ すべての料理に季節を敬う心を感じることができるよ。

Every dish expresses the admiration of the season.

● Vocabulary

multi-course dinner　three-course dinner より多くコースを持つ食事
serving　食事を盛りつけるための
with care　注意が払われて、心配りがされて
aesthetic(s)　美意識、美学
admiration　称賛、敬う心

Comment

一般的に洋食の場合は、appetizer, entrée, dessert でコースが成立します。「３つのコースで構成されている食事」という意味でこれを a three-course meal と呼びます。懐石料理の場合はこれよりもコースの数が多いことがほとんどなので、a multi-course dinner / a multiple course dinner などと表現します。

175 巫女って何？

What is *miko*?

→ 神社での儀式で重要な役割を果たす神社の少女だよ。

They are shrine maidens who play an important role in the rituals of shrines.

→ 神社の儀式で、神主さんをサポートする神社の少女のことだよ。

They are shrine maidens who support Shinto priests in the rituals of shrines.

→ 太古から、彼女たちは魔除けや占いなど神社でのさまざまな責務を果たしてきたんだ。

From time immemorial, they have been conducting exorcism, doing divination and carrying out various other functions in shrines.

→ 最近だと、巫女さんは神社の参拝客にお札やお守りを販売しているよ。

Nowadays, they sell amulets and charms to visitors of the shrine.

● Vocabulary

maiden 娘、少女	**divination** 予言、占い
Shinto priest 神主、神職	**carry out ~** 〜を遂行する
from time immemorial 遠い昔、太古	**function** 職務、役目
	amulet お守り、魔よけ
exorcism 魔除け	**charm** お守り

Comment

ritualとは「儀式」という意味ですが、上に挙げたような宗教的な儀式以外に「習慣化した行動」についてもritualが使えます。日本語でも「儀式」と言いますね。寝る前に1分間目を閉じて瞑想をするとか、ストレッチをする、ゆっくり風呂に入るなど、個人的な習慣でもritualが使えます。「寝る前にする儀式」はpre-sleep ritualです。

176 浴衣と着物の違いは何？

What is the difference between *yukata* and *kimono*?

Answers

→ 浴衣と着物は両方とも伝統的な日本の衣類なんだ。

Yukata and **kimono** are both traditional Japanese clothes.

→ 浴衣は着物の一種と考えればいいよ。

Yukata is considered a kind of **kimono**.

→ 浴衣を着るのは着物を着るより簡単だよ。

Putting on **yukata** is easier than **kimono**.

→ 浴衣はもともとは寝間着だけど、今では夏祭り用の伝統的な衣装として使われることが多いよ。

Yukata is originally a pajama, but it's used now as traditional dress for summer festivals.

● Vocabulary

put on ~　〜を着る

originally　もともと

Comment

kimono はかなり知名度のある言葉ですから、浴衣を説明するときには単純に a casual *kimono* とか a casual summer *kimono* などと説明することもできます。振り袖は、袖（sleeves）が長い着物と説明することもできるし、未婚女性（women who are not married）しか着ない着物とも説明できます。

177 盆栽はガーデニングとは違うの？

Is *bonsai* different from gardening?

Answers

→ 普通サイズの大きさの木のように見せてミニチュアの木を作る、日本の芸術だよ。

It is the Japanese art of making miniature trees designed to look like full-sized trees.

→ まるで実際の木のようにミニチュアの木を作る、日本の芸術だよ。

It is the Japanese art of making miniature trees designed to look like as if they're in nature.

→ 盆栽の木は、剪定や根切りや接ぎ木をすることで小さいままに保てるんだ。

***Bonsai* trees are kept small by pruning, root reduction, and grafting.**

→ 大きくなるまでに何百年もかかるものもあるよ。

Some trees will take hundreds of years to grow to full size.

● Vocabulary

miniature　ミニチュアの
full-sized　普通サイズの
in nature　実在して
prune　刈り取る、剪定する
reduction　削減
graft　接ぎ木をする

Comment

海外でbonsaiとそのまま言っても通じる単語になりつつありますが、bonzaiと発音されるのを聞くことも多いです。盆栽に詳しい人から怒られそうですが、盆栽を一言で説明するなら miniature potted plants「ミニチュアの鉢植えの木」と言うことも可能だと思います。

210

178 浮世絵って何？

What is *ukiyoe*?

Answers

→ 浮世絵は木版画で、始まりは16世紀頃だよ。

They are woodblock prints that started around the 16th century.

→ 浮世絵は18世紀頃にとても人気だったアートの１つだよ。

It is a genre of art which was very popular around the 18th century.

→ 昔の人たちは、旅行、歌舞伎役者や日常生活などの情報を浮世絵から得ていたんだって。

People long ago got information about travel, *kabuki* actors, scenes of daily life and so on from *ukiyoe*.

→ 浮世絵の作品は1850年代にゴッホやモネのようなヨーロッパの芸術家たちに伝わったんだ。

Works of *ukiyoe* reached European artists like Van Gogh and Monet in the 1850s.

● Vocabulary

woodblock 木版
genre 部門

Comment

浮世絵は海外でもよく知られています。1850年代に浮世絵がヨーロッパに伝わり、それが印象派の芸術運動のきっかけの１つとなったと言われます。woodblock print「木版画」と Impressionist「印象派」の２つを覚えておくと、浮世絵を説明しやすいでしょう。

生け花って何?

What is *ikebana*?

Answers

→ 伝統的な日本のフラワーアレンジメントの芸術だよ。

It's the traditional Japanese art of flower arrangement.

→ 生け花では、花だけじゃなく草や木も使うよ。

In *ikebana*, we use not only flowers but also plants and trees.

→ その起源は仏前に供えられた花なんだ。

It originated from floral offerings that were made at altars.

→ 生け花は、大きなビルのエントランスホールやロビーなどでよく見ることができるよ。

They are frequently seen in entrance halls and lobbies of large buildings.

● Vocabulary

plant 草木

originate from ~ ~に由来する、起源がある

floral 花の

offering お供え

altar 供物台

Comment

「生け花」を説明するのに、Japanese flower arrangementの一言でも意味は通じますが、やや寂しいように思います。6世紀にまでさかのぼる(date back to the 6th century)こと、その歴史や供物台(altar)に供えるために生まれた起源などについても解説できると喜ばれるでしょう。

180 芸者って何やってる人？ どこで会えるの？

What are geisha? Where can I see them?

Answers

→ 音楽、踊り、歌などの芸で、お客をもてなす女性のことだよ。

They are females trained in the art of music, dancing and singing, who entertain customers.

→ 白塗りに赤の口紅、目の周りと眉に赤と黒のアクセントを置く彼女たちの化粧は特徴的だ。

Their makeup features a thick white base with red lipstick and red and black accents around their eyes and eyebrows.

→ 侍とは違って彼女たちはまだ存在しているよ。だいたい東京か京都に住んでいるんだ。

Unlike samurai, geisha still exist today; most of them live in Tokyo or Kyoto.

→ 京都の祇園の古い通りで彼女たちを目にすることができるかもしれないね。

You might be able to see them in the old streets of Gion in Kyoto.

● Vocabulary

entertain	〜を楽しませる	**eyebrow**	眉
makeup	化粧		
feature	〜を特徴とする		

Comment

侍、忍者、芸者が一緒に出てくるコメディーをアメリカで見たことがありますが、そんな誤解をぜひ解いてください。芸者は、とても若い頃からトレーニングを受けているプロフェッショナルであり、お茶（tea ceremony）や生け花（*ikebana*）などの技術も持っているのだと。

181 日本の国旗のデザインにはどんな意味があるの？

What does the design of Japan's flag stand for?

Answers

→ 真ん中にある赤の丸は太陽を表しているんだ。

The red circle in the middle stands for the sun.

→ 日本の有名な別名は「日の出ずる国」というんだ。

Japan is famously referred to as the "Land of the Rising Sun."

→ 日本国旗は赤と白とでできてるよ。これらは縁起のいい色とされているんだ。

It features the colors red and white. They are regarded as auspicious colors.

→ 赤と白の組み合わせは長い間に渡って、晴れの日の象徴なんだ。

The combination of red and white has been a symbol of happy occasions for a long time.

● Vocabulary

stand for ~　〜を表す

be referred to as ~　〜と呼ばれる

auspicious　縁起の良い

Comment

世界の国の国旗を見てみると、そのデザインが持つ意味はもちろん、縦と横の比も様々です。縦と横の比率で最も多いのは２：３で日本や韓国、中国などが当てはまります。イギリス、オーストラリア、ニュージーランドは１：２、アメリカは10：19、スイスやバチカンは１：１で正方形です。

214

182 なぜ紅白は縁起のいい色なの？

Why are red and white auspicious colors?

Answers

→ 赤い鳥居が示しているように、赤は宗教とつながりがあるんだ。

Red has ties to religion, as demonstrated by the red shrine gates.

→ 昔、赤は情熱と繁栄を象徴する色だったんだ。

Red symbolized passion and prosperity in olden times.

→ 白は神聖で純粋な色で、白い服は白装束に使われていたんだよ。

White is godly and pure, and white clothes are used as shrouds for the dead.

→ 赤と白の組み合わせは、日本語で「紅白」と呼ばれて、いろんな名前で接頭語として使われているよ。

The color combination of red and white is called *kohaku* in Japan. It is used in various names as a prefix.

● Vocabulary

have ties to ~	～とつながりがある	godly	神聖な
demonstrate	～を示す	shroud	死者を覆う布
symbolize	～を象徴する	prefix	接頭語
in olden times	昔は		

Comment

国によって色のイメージは異なるようです。日本人は「白」に神聖、純粋といったイメージを持っていますが、欧米では「降伏」の色としてとらえる人も多いようです。white flag（白い旗）は降伏や休戦を表します。また「赤」に対しては欧米では「要注意」や「共産主義」のイメージを持たれることもあります。

不思議な日本語、日本文化

　「お助け隊」の活動をしていると、外国人観光客や留学生の方々から、日本語や日本の文化にまつわるユニークな質問をたくさん受けます。例えば、韓国人留学生の方からは「なんで『不良』のことを日本人は『ヤンキー』と言うんですか？」と聞かれました。彼は、はじめメジャーリーグのヤンキースのことと勘違いして、かなり困惑したと言っていました。「オタク」という言葉も、その由来や語源を外国の方から聞かれても、英語はおろか日本語でも説明できません。日本には多くのユニークな風習や文化がありますが、日本語もユニークなものの１つだと思います。

　日本には「わびさび」という言葉がありますが、外国人観光客の方からその意味について聞かれるまで、私自身も説明はおろか、意味自体もよくわかっていませんでした。『明鏡国語辞典』によると、「わびさび」の「侘（わび）」とは、閑寂・質素の中に見いだされる枯淡の趣を言い、「寂（さび）」は古びていて物静かな趣があることを言います。その２つの言葉が合わさった「わびさび」とは、質素で静かなものを指す、日本の美意識の１つです。日本人の持っている「美しさ」への意識は、単に美人になりたいといったものではなく、芸術的側面から美しさという感動を与えることに重きを置いているのだと思います。

　訪れる外国人観光客の方々に日本の美意識の真意を伝えていくためにも、日本のことをよく知ることが大切なんですね。

どこで知ったか、意外に聞かれます日本の迷信・慣習・ルール・マナー

どこの国にも面白い習慣や迷信は多々あると思います。外国人観光客が何気なくそのルールを破ってしまうことも多くありますが、そのルールを伝えて嫌な顔をする観光客はめったにいません。むしろ、新しい文化に触れることができて感謝をしてくれることのほうが多々あります。

ここでは、日本の慣習やマナーについて外国の方から受けた質問と、その回答例をご紹介します。

183 なぜ日本の名前は姓・名の順序なの？

Why are Japanese names in order of last name to first name?

→ 姓・名の順序は一般に東洋式として知られているよ。

The order—last name, given name—is commonly known as the Eastern order.

→ 姓・名の順は主に中国、日本、韓国のような東アジアで使われているんだ。

The order—last name, first name—is primarily used in East Asia, for example in China, Japan and Korea.

→ 名字が先に来るのは、中国語圏全域での伝統だよ。

Putting the surname first is tradition across the Chinese-speaking world.

→ 逆に、どうしてあなたの名前は名・姓の順なの？

On the other hand, why is your name arranged in sequence of given name and surname?

● Vocabulary

last name / surname 姓、名字	**Chinese-speaking world** 中国語圏
first name / given name	**on the other hand** 一方で
（姓に対しての）名	**arrange** ～を配置する、並べる
commonly 一般に	**in sequence of ~** ～の順番で
across ～全域で	

Comment

「姓」は last name のほうが耳慣れている方も多いかもしれませんが、family name（→p.132）や surname という言い方をすることもあります。「名」も first name のほうがずっと聞き慣れていると思いますが、given name という言い方もあります。後者のほうがやや硬い印象です。申請書類などには given name が使われていることが多いので、覚えておくと便利です。

184 なぜ畳のふちを踏んではいけないの？

Why shouldn't you step on the border of a *tatami* mat?

Answers

→ 災いが起こると信じられているからだよ。

People believe that it will bring bad luck.

→ 畳には家紋が入ったものもあるんだ。

Some *tatami* borders have family emblems engraved on them.

→ だから畳を踏むことは親の頭を踏むようなものだとされているんだ。

So, stepping on it is regarded as stepping on your parents' head.

→ 有名な日本の迷信の１つだけど、今ではそれを信じている人は少ないよ。

It is a well-known Japanese superstition, but now very few people believe it.

● Vocabulary

step on ~ 　〜を踏む
border 　へり
family emblem 　家紋
engrave 　〜を刻む、彫り込む
superstition 　迷信

Comment

「畳」は海外でも十分有名ですから、「わら（rice straw）で編み上げられた床に敷くもの（flooring material）」などと詳しく言わなくても *tatami* mat で通じる場合も多いです。「畳のふち」は border という単語を使います。「家紋」も表現しにくそうですが、family emblem と言えば通じます。

なぜ夜に口笛を吹いてはいけないの？

Why shouldn't I whistle at night?

Answers

→ 夜に口笛を吹くとヘビが家に入ってきてしまうと信じられていたんだ。

People believed that whistling at night will attract a snake into your house.

→ 口笛はかつて泥棒などの犯罪者たちによって、意思伝達のための合図として使われたんだ。

Whistling used to be a sign used by thieves or other criminals to communicate to each other.

→ 近所迷惑になるからだよ。

It will disturb the neighborhood.

→ 夜にうるさくすると悪い人たちにさらわれてしまうと親たちが子どもに言うんだ。

Parents say to their children that those who make noise at night will be targeted by bad people.

● Vocabulary

whistle 口笛を吹く

attract A to/into B AをBへ引きつける

thieves thief（泥棒）の複数形

criminal 犯罪者

make noise 騒ぐ

target 〜を標的にする

Comment

bad people と聞くと何だか幼稚な表現だと感じるかもしれませんが、「悪い人たち」「悪人」を表すのに最も一般的な言葉です。criminal は「犯罪者」のこと。「犯罪の」「有罪の」といったように形容詞としても使われますが、ここでは名詞です。thief は「泥棒」、robber は「強盗」です。

You shouldn't sleep facing north in Japan. Why?

Answers

→ 北枕は不運を呼び寄せると信じられているんだ。

Sleeping with your head facing north is believed to bring bad luck.

→ 葬式のときに日本では、遺体の頭を北向きにして寝かせるんだ。

At funerals in Japan, corpses are laid with their heads facing north.

→ お釈迦様が亡くなったとき、頭が北向きだったことがその起源だと言われているよ。

The origin is that when Siddhartha Gautama died, his head was facing north.

→ だから私たちは方角に気を遣うんだよ。

That's why we are careful about the direction.

● Vocabulary

face　〜のほうへ向く、向ける
funeral　葬式
corpse　遺体、死骸
laid　lay（横たえる、寝かせる）の過去分詞形
Siddhartha Gautama　お釈迦様
be careful about ~　〜に対して注意する

Comment

日本語では「北枕」という1つの熟語で済みますが、それを英語で表現するとやや長くなります。いくつかの表現を挙げてみました。sleep facing north, sleeping with your head facing north, sleep with his/her head north など。どれでも同じですから、覚えやすいものを使ってみてください。

187 お箸をごはんに突き立てるのはマナー違反？

Is sticking chopsticks into a bowl of rice considered rude?

→ とても不作法なことだから、やるべきじゃないよ。

It's so rude that you should never do such a thing.

→ 用意された箸置きを使うといいよ。

You should use the chopstick rest provided.

→ ご飯に箸を突き刺すのは葬式のときに行われる行為なんだ。

Stabbing chopsticks into a bowl of rice is a gesture for funeral ceremonies.

→ 臨終の際に、死者の魂に食事を用意するための方法なんだよ。

It is the way a bowl of rice is offered to the spirit of a dead person on their deathbed.

● Vocabulary

stick 〜を突き刺す

chopsticks 箸

a bowl of rice ごはん1杯

chopstick rest 箸置き

provided 用意された

stab 〜を突き刺す

on one's deathbed 死に際の、臨終の

Comment

「マナー違反」は breach of manners という言い方もありますが、シンプルに rude としてみました。「臨終」を表す言葉は deathbed です。英語のほうがわかりやすいのではないでしょうか。箸を「突き刺す」という意味で stick, stab と両方使ってみましたが、意味は同じです。

188 黒猫が幸運の象徴ってほんと？

Is it true that a black cat is a symbol of good luck?

Answers

→ 人それぞれだよ。黒猫が縁起が悪いと思う人もいるだろうね。

That depends. I think some of us recognize it as a symbol of bad luck.

→ けど、実際、運送業で有名な会社のマスコットが黒猫だよ。

But actually, the mascot of a famous delivery company is a black cat.

→ 江戸時代の人々は、黒猫が結核や恋の病に効果があると信じていたんだって。

In the Edo Era, people believed black cats had the power to cure tuberculosis and love sickness.

→ 文字通り幸運を呼ぶ招き猫として、黒いものも見たことがあるよ。

As a *maneki neko*, literally "beckoning cat," I have seen black ones too.

● Vocabulary

That depends.　場合による
tuberculosis　結核
beckon　招く

Comment

猫は、英語圏ではなかなか死なない動物とされていて、A cat has nine lives.「猫に九生あり」（なかなか死なない）のような諺があります。他には A cat may look at a king.「猫でも王様が見られる」（身分の低い人でもそれ相応の権利はある）のような諺もあり、英語圏の猫のイメージは幸運の象徴とはかけ離れているようです。

どこで知ったか、意外に聞かれます
日本の迷信・慣習・ルール・マナー

189 どうして電話で話すときだけ「もしもし」って言うの？　どんな意味？

Why do people say _moshi moshi_ only when talking on the phone? What does it mean?

→ 「もしもし」は「こんにちは」という意味で、電話の会話のときだけ使われるんだ。

Moshi moshi means "hello," and is only used in telephone conversations.

→ もともとは、「聞こえますか」とか「これから話します」という意味で使われていたよ。

It was originally used as "Can you hear me?" or "I'm going to talk."

→ 電話に出る際、自分が名乗りたくないときにも使うことができるよ。

You can use it when you don't want to reveal who you are when you pick up the phone.

→ わからないよ。そんなこと考えたこともなかった。

I don't know. I have never thought about that.

● Vocabulary

talk on the phone　電話で話す　　　　**pick up the phone**　電話に出る
reveal　〜を明らかにする、後悔する

Comment

「もしもし」と言う理由については諸説あるようです。1つは、もともと「申します、申します」または「申す、申す」と言っていたのが「もしもし」に変わっていったという説。初期の電話は質が悪かったため、まずきちんとつながっているのか確認をすることが習慣になったというものです。また江戸時代に位の高い人に話すときにまず「申します」と言ってから話していたのが、電話の会話にだけ残った、という説もあります。

190 日本人はなぜたくさんの年賀状を出すの？

Why do Japanese people send so many New Year's postcards?

Answers

→ 直接会えない人に新年の挨拶をするために年賀状を出すんだよ。

We send postcards to people we can't meet in person to say Happy New Year.

→ 年賀状を送る習慣は西洋でクリスマスカードを送る習慣に似ている。

The custom is similar to the Western custom of sending Christmas cards.

→ 年賀状には新しい年の干支の動物が印刷されているんだ。

New Year's postcards have the Chinese zodiac animal of the upcoming year printed on them.

→ 最近では若い人たちは、年賀状を送る代わりにチャットしているよ。

Many younger people talk online instead of sending New Year's cards these days.

● Vocabulary

be similar to ~　〜に似ている

the Chinese zodiac　十二支

upcoming　もうすぐやってくる、次にやってくる

Comment

zodiacは「黄道帯」と訳され、占星術によく使われる単語です。zodiac sign とは占星術で用いられる「星座」を指します。十二支は the Chinese zodiac / the Oriental zodiac という言葉で表します。年賀状は元旦に届くことが望ましいですが、Christmas cardはクリスマスの2週間くらい前に届くことがベストと考えられています。

191 はんこって何？

What is *hanko*?

→ 個人の名前や団体名などのスタンプだよ。

It's a seal stamp of an individual or an organization.

→ 日本では書類にサインをする代わりにそれが使われるんだ。

It is used in place of a signature on documents in Japan.

→ はんこの店に行くと、君も自分の名前のはんこを注文することができるよ。

If you go to a *hanko* shop, you can order a *hanko* with your name on it.

→ お土産にはんこを買ってみたら？

Why don't you buy a *hanko* for a souvenir?

● Vocabulary

seal 印

in place of ~ ～の代わりに

signature 署名、サイン

order ～を注文する

Why don't you do ~? 試しに～してみたら？

Comment

日本の「はんこ」のように使われるものは実際に欧米には存在しません。というわけで、日本を訪れている旅行者に「はんこ」を説明する場合、*hanko* という言葉をそのまま使うのもありでしょう。

192 日本では夜、爪を切ってはいけないって本当？

Is it true that you should not cut your fingernails at night in Japan?

→ 日本でとても有名な迷信だよ。

It's a very well-known Japanese superstition.

→ そうすると親の死に目に会えないと信じられていたんだ。

It was believed you will not be with your parents at their death if so.

→ 刃物は霊力が宿っていて、夜には使うべきではないと信じられていたんだ。

Cutting tools were believed to have spiritual power and should not be used at night.

→ 刃物を使うときに灯りをつけるのは、怪我を防ぐためには良い考えかもしれないよ。

In order to avoid cutting yourself, it might be a good idea to keep the light on when you use a cutting tool.

● Vocabulary

fingernail	爪	**cutting tool**	刃物
well-known	有名な	**spiritual power**	霊力
superstition	迷信	**keep ~ on**	～をつけたままでいる
if so	もしそうすると		

Comment

「夜に爪を切ってはいけない」理由は、superstition「迷信」という一言で片づけるにはもったいないほどいろいろあるようです。これを説明するにはcutting tool「刃物」、spiritual power「霊力」の2つの単語が不可欠ですね。4つ目のcut yourselfは、文字通りの意味は「あなた自身を切りつける」ですが、自分自身の不注意などによって怪我をするという場合に多く使われます。

Chapter 10

どこで知ったか、意外に聞かれます
日本の迷信・慣習・ルール・マナー

227

193 日本人はなぜ引っ越ししたらそばを食べるの？

Why do people eat *soba* when they move to a new place?

Answers

→ 引っ越し後に、新しい隣人にそばを配るという風習があったんだ。

There was a tradition of giving out *soba* to new neighbors after moving.

→ 新しく越してきた者は近所の人を呼んで一緒にそばを食べる習慣もあったよ。

There was also a custom that newcomers invite their neighbors to eat *soba* together.

→ そばは「傍」という意味もあるから、そばを食べることで「私たちはあなたたちの傍に越してきました」という意味を表すと言う人もいるよ。

***Soba* also means "nearby," so some say eating *soba* means "We have moved near you."**

→ けれど最近では、近所にそばは配られず、引っ越しした家族で食べることが多いんじゃないかな。

But nowadays, *soba* is not given to new neighbors; instead, the family who moves eats it by themselves.

● Vocabulary

move	引っ越しする	**neighbor**	隣人
give out ~	～を配る	**newcomer**	新しく来た者

Comment

日本の風習にはダジャレや語呂合わせが多く見られます。ダジャレはpunと言います。It's a pun. と言ってから、「そば」が表す2つの意味を説明するのもわかりやすいかもしれません。英語ではpunはなぞなぞなどに使われることが多く、上の例のような文化的な風習に使われるダジャレはあまり見かけません。

Chapter 11

日本に来て困ったこと

日本は便利なのか便利じゃないのかわからない、とよく友人から言われます。どうでもいいことに信じられないほどホスピタリティがあふれているわりには、世界照準であるクレジットカード決済やWi-Fi設備が少ないなど、外国に比べると遅れているところもある不思議な国です。
ここでは、日本に来て困ったことについて外国の方から受けた質問と、その回答例をご紹介します。

194 多くの日本人があまり英語を話さないのはどうしてなの？

Many Japanese people don't speak much English. Why not?

Answers

→ おしゃべりじゃない人や、ただシャイな人もいるよ。

Some are not so talkative and some are just too shy.

→ 英語の文章の構造が日本語と逆だから、話すのが難しいんだ。

It is difficult to speak English since the construction of a sentence is the opposite to that of Japanese.

→ 日本で生活や仕事をするのに、英語を必要としないからじゃないかな。

It's not necessary to speak English to live and work here.

→ 次は少しだけゆっくり話しかけてみてよ。

Try speaking a bit slower next time.

● Vocabulary

talkative おしゃべりな

shy シャイな

construction 構造

the opposite to ～ ～と反対のもの

a bit 少し

Comment

「英語を話せるか」「日本語を話せるか」と聞くときに、Can you speak ～？と尋ねる言い方がありますが、英語文化では Can you ～？という聞き方はあまり好まれません。もしもできないときに相手に I can't ～「私は～できない」と答えさせることになるからです。Do you speak ～？と尋ねれば、できない場合でも相手は I don't speak ～ .「～語を（話せないのではなく）話さない」と答えることができます。

195 日本人は自分の意見を言いたがらない人が多いと
思うんだけど、どう思う？

I don't think many Japanese people like to say what's on their minds. What do you think?

→ 中には正直に意見を言うのは謙虚ではないと思う人がいるんだ。

Some people think it's not humble to be frank.

→ 日本人は言葉なしで理解し合う能力が高いのかもしれない。

We might be highly skilled at understanding each other without speech.

→ 日本の習慣だと言う人もいるけど、私はそうは思わない。

Some people say it's a Japanese custom, but I don't agree with that.

→ 遠慮してるんだ。もう一度聞けば、答えてくれるよ。

They are just shy. You can hear their thoughts if you ask them again.

● Vocabulary

on one's mind	考えていること	hear ~'s thoughts	~の考えを聞く
humble	謙虚な		
frank	正直な、率直な		

Comment

外国の人は主張が強い、という偏見を持つ人もいるかもしれませんが、実際にはそんなことはありません。私の知る限り、東南アジアや韓国の人たちも、目上の人に対して主張しづらいと感じるそうです。さて、自分自身の考えとは違う意見の人に出会うこともあるでしょう。「私は～だと思う」という意味の I think ～や「私は同意できる」「同意できない」という意味の I agree with ～や I don't agree with ～は、覚えておくと便利です。

196 日本人は困っている人を見ても声をかけないのは
なぜ？

Why don't some Japanese people say anything when they see someone in trouble?

Answers

→ 多くの日本人は、困っている人を見たら助けると思うよ。

I think many Japanese people will help a person in trouble.

→ もしもそれが外国人だったなら、意志の疎通を図るのが難しいと思う人
もいるのかもしれない。

If the person is from abroad, some might expect difficulty with communication.

→ そもそも、日本には助けが必要な人が多くいないんじゃないかな。

Anyways, there are not so many people who need help in Japan.

→ 私がそこにいたなら、私はその人を助けるよ。

I would help the person if I were there.

● Vocabulary

in trouble 困っている	**if I were there**
from abroad 海外からの	もしも私がそこにいたなら
expect 〜を予期する	
difficulty 困難	
anyways そもそも	

Comment

expect を「何か良いことを期待する」と覚えてしまっている人が多いようです。この単語は「〜が当然起きるであろうと予測する」という意味で、上の例文のように、良い内容でない場合にも使います。良い・悪いの区別がない中立の単語なので、覚えてしまえば使い勝手は良いはずです。

197 なぜ日本では、タトゥーがあると銭湯や温泉に入れないの？

Why can't people with tattoos go to the public bath or *onsen* in Japan?

Answers

→ 昔、タトゥーが罪人への刑罰として使われていたことと関連しているかもしれない。

It may be related to the fact that tattoos were used as a punishment for criminals in the past.

→ タトゥーは僕らにヤクザを連想させるんだ。

We associate tattoos with the *yakuza*.

→ タトゥーをしている人でも楽しめる日本の施設が掲載されているリストがあるよ。

There is a list of facilities throughout Japan that people with tattoos can enjoy.

→ タトゥーは非衛生的だと考えられているんだ。

Tattoos are considered to be unhygienic.

● Vocabulary

be related to ~　　～と関連している

associate A with B　　A で B を連想する

unhygienic　　非衛生的な

Comment

アメリカでは、かなりの人がタトゥーを入れています。タトゥーに寛容な国のように思えますが、逆にアメリカには、保守的な人が多いのも事実です。仕事上での不利益になるから入れないという人も多くいます。意外かもしれませんが、タトゥーは会社のドレスコード違反であるという企業も多いのです。

233

198 日本では座るときに足を組むのは失礼なの？

Is it to rude to cross your legs when you sit in Japan?

Answers

→ 日本では、足を組むのは態度が悪いと考えられているんだ。

In Japan, it is recognized as a bad attitude to sit with your legs crossed.

→ 反抗的な態度や、自己中心的であるように見える、という人もいるかもしれないね。

Some might say it makes you look like you have an attitude or you're self-centered.

→ 正式な場面では背筋を伸ばし両足を揃えて座るのが良い姿勢だと考えられているよ。

Sitting with your back straight and your legs together is considered good posture in a formal setting.

→ けれど、時代の変遷とともにそれも変わりつつあると思うよ。

But I think it's changing with the changing times.

● Vocabulary

cross one's legs	足を組む	with one's back straight	
be recognized as ~	～と考えられる		背筋を伸ばして
have an attitude	反抗的な態度を取る	posture	姿勢
self-centered	自己中心的な	setting	環境
		changing times	時代の変遷

Comment

2つ目の文のself-centeredのようにselfを接頭語にした単語は数多くありますが、初めて見るものでも文字を見れば意味がわかるものが多いように思います。自分自身で勝手に充電してくれるという意味のself-charging「自動充電式の」、self-consciousness「自己の意識」→自意識、self-moving「自分で動く」→自動の、self-pride「自身のプライド」→自負などはその一例です。

234

199 なぜ日本にはフリー Wi-Fi が少ないの？

Why aren't there enough free Wi-Fi spots in Japan?

Answers

→ 10年前には十分なかったよ。

There were not enough of them a decade ago.

→ 最近では、フリー Wi-Fiスポットはますます増えているよ。

There are more and more free Wi-Fi spots recently.

→ 確かにちょっと不便だね。

You're right, it can be a little inconvenient to find one.

→ メールアドレスで登録しないといけない場合もあるんだ。

In some cases, you will need to register with your email address.

● Vocabulary

decade 10年

more and more ますます

in some cases 時には、場合によっては

register 登録する

Comment

Wi-Fi, internet, password, registerなどはカタカナになっているので耳慣れていると思います。英語のアクセント強拍を強調するように発音すれば、たいていの場合は通じるはず。ただしinternetを「ネット」と言うことはないので、そこだけ注意しましょう。

Chapter 11

日本に来て困ったこと

200 日本ではクレジットカードを使えるお店が少ないって本当？

Is it true that there aren't many shops accepting credit cards in Japan?

→ クレジットカードを使えるお店はかなり増えたよ。

The number of shops taking credit cards has dramatically increased.

→ かつては多くの日本人が現金で支払っていたんだけど、それも変わってきているよ。

Many Japanese people used to pay with cash, but it's changing.

→ 日本のほとんどのコンビニではモバイル決済が使えるんだ。

Most convenience stores in Japan accept mobile payment.

→ クレジットカードを使えない店やレストランも確かにあるけど、事前に店員に確認すればいいよ。

There surely are some stores or restaurants that don't accept credit cards, but you can ask the staff beforehand.

● Vocabulary

accept [take] credit cards
　クレジットカードが使える

dramatically 大幅に

pay with cash 現金で支払う

mobile payment モバイル決済

surely 確かに

beforehand 事前に

Comment

「クレジットカードは使えるか」と言うときは credit cards と複数形にすると誤解がありません。クレジットカードは何種類もありますし、my credit card だと「僕のこのカードは使えるのか」のニュアンスになってしまいます。

Special thanks to

安藤 航

石井 慧

石井 沙紀子

石橋 圭太

伊藤 一樹

王 子誠

太田 航平

大森 峻太

大山 純

岡本 駿平

田中 まみ

外崎 悠太

永田 悠

松尾 皐佑

八木ヶ谷 智乃

森田正康 (もりた・まさやす)【著】

株式会社ヒトメディア代表取締役。1976年愛知県生まれ。12歳で家族と渡米し、カリフォルニア大学バークレー校、ハーバード大学、ケンブリッジ大学など海外の大学・大学院を渡り歩く。2003年に日本へ帰国し、語学系出版社・株式会社アルクの取締役に就任。2006年、株式会社ヒトメディアを創業し、教育や異文化領域における新規ビジネスの立ち上げや、ベンチャーへの投資・育成を中心に活動。国内外の企業取締役やNPO団体理事、大学教授なども務め、幅広く活躍している。

カン・アンドリュー・ハシモト (Kan Andrew Hashimoto)

アメリカ合衆国ウィスコンシン州出身。英語・日本語のバイリンガル。教育・教養に関する音声・映像コンテンツ制作を手がける株式会社ジェイルハウス・ミュージック代表取締役。公益財団法人日本英語検定協会、文部科学省、法務省などの教育用映像(日本語版・英語版)の制作を多数担当。

安藤航 (あんどう・わたる)

株式会社JAPAN TOUR GUIDEアドバイザー。オンライン英会話スクール運営の株式会社ラングリッチ元代表取締役。ラングリッチに所属する300人の英語講師のマネジメントの経験、および2015年にEnglishCentral, Inc.との経営統合を行った実績を持つ。

株式会社JAPAN TOUR GUIDE (ジャパンツアーガイド)【編集協力】

外国人観光客と日本人ガイドを繋ぐマッチングサービス「Japan Tour Guide(ジャパンツアーガイド)」を提供するほか、街頭で「Do You Need Help?」というプラカードを掲げて、困っている外国人観光客をその場で助ける活動を行う。 https://tourguide.jp

外国人から日本についてよく聞かれる質問200
音声ダウンロード版

2023年 11月1日　第1刷発行

著者　　森田正康、カン・アンドリュー・ハシモト、安藤航
発行者　小野田幸子
発行　　株式会社クロスメディア・ランゲージ
　　　　〒151-0051 東京都渋谷区千駄ヶ谷四丁目20番3号
　　　　東栄神宮外苑ビル　https://www.cm-language.co.jp
　　　　■本の内容に関するお問い合わせ先
　　　　TEL (03)6804-2775　FAX (03)5413-3141

発売　　株式会社インプレス
　　　　〒101-0051 東京都千代田区神田神保町一丁目105番地
　　　　■乱丁本・落丁本などのお問い合わせ先
　　　　FAX (03)6837-5023　service@impress.co.jp
　　　　古書店で購入されたものについてはお取り替えできません。

カバーデザイン	竹内雄二	編集協力	今坂まりあ
本文デザイン	木戸麻実	営業	秋元理志
DTP	木戸麻実、株式会社ニッタプリントサービス	印刷・製本	中央精版印刷株式会社
校正・英文校正	長沼陽香、Colleen Sheils		ISBN 978-4-295-40893-2 C2082
録音・編集	株式会社アスク		©Masayasu Morita, Kan Andrew Hashimoto
ナレーション	Kimberly Tierney、原田桃子		& Wataru Ando 2023
画像提供	Fast&Slow / PIXTA, Ushico / PIXTA,		Printed in Japan
	Fast&Slow / PIXTA, SAMURAI / PIXTA		

■本書のコピー、スキャン、デジタル化等の無断複製は、著作権法上での例外を除き禁じられています。本書を代行業者等の第三者に依頼して複製することは、たとえ個人や家庭内での利用であっても、著作権上認められておりません。
■乱丁本・落丁本はお手数ですがインプレスカスタマーセンターまでお送りください。送料弊社負担にてお取り替えさせていただきます。

この本を読んだ方にお薦めの1冊

困っている・迷っている
外国人観光客に声をかける
最初の一言

『日本で外国人を見かけたら使いたい英語フレーズ3000』

著者 黒坂 真由子、カリン・シールズ

定価 2,288円

日本でも街中で、外国人を見かけることが多くなりました。外国人観光客が困っている様子を見て、声をかけてあげたいと思っても、なかなか最初の一言が出てこない…。そんな人のためのフレーズ集です。

街中で・駅で・居酒屋で・コンビニで・ラーメン店で。道案内に食べ歩き、カラオケ、地震や怪我の際のアドバイス…など、今どきのリアルな日本についての表現ばかり。会話が弾む話題を盛り込んだ楽しい本！　音声mp3ファイル無料ダウンロードつき。

この本を読んだ方にお薦めの１冊

英文法をベースにした英会話トレーニングで、英語がパッと口から出てくる！

『英会話のための英作文トレーニング448』

著者 海渡 寛記、マイケル・Ｄ・Ｎ・ヒル **定価** 1,958円

英会話の初級者レベルを卒業したい方へ！
前半ではまず、基本英文法をしっかりおさらいします。後半では場面別に、日本語の例文をパッと英語で言うトレーニングを行います。後半の例文には前半で見た基本英文法の項目を盛り込んであるので、「英会話力」アップのための英作文トレーニングを行うと同時に「英文法」の基礎も身につけられるようになります。
リアルな例文ばかりなので実際に使う状況がイメージしやすく、無味乾燥な練習にならずに楽しく継続できます！　音声mp3ファイル無料ダウンロードつき。